설득의 에세이

설득의 에세이

초판 1쇄 발행	2017년 10월 25일
원 제	Essays in Persuasion
지은이	존 메이너드 케인스
옮긴이	정명진
펴낸이	정명진
디자인	정다희
펴낸곳	도서출판 부글북스
등록번호	제300-2005-150호
등록일자	2005년 9월 2일
주소	서울시 노원구 공릉로63길 14, 101동 203호(하계동, 청구빌라)
	01830
전화	02-948-7289
전자우편	00123korea@hanmail.net
ISBN	979-11-5920-071-7 03320

*잘못된 책은 구입하신 서점에서 바꾸어 드립니다.

ESSAYS
IN 설득의 에세이
PERSUASION

존 메이너드 케인스

지난 12년 동안(이 책은 1931년에 출간되었다) 현실 문제와 관련해 여기저기에 발표한 글들을 모아 한 권의 책으로 묶는다. 정작 사건의 흐름에는 아무런 영향력을 행사할 수 없었던, 그리스 신화 속의 여자 예언자 카산드라의 말과 비슷하다고 할까? 그래서 이 책의 제목으로는 '예언과 설득의 에세이'가 더 잘 어울릴 수 있다. 불행하게도, 예언이 설득보다 훨씬 더 잘 먹히는 것이 현실이다. 그러나 이 에세이들 대부분은 나의 의견을 전파하기 위해 설득의 정신에서 쓴 것이다.

이 글들은 발표 당시에 극단적일 만큼 무모한 견해로 받아들여졌다. 그러나 나는 독자들이 지금 시점에서 이 글들을 다시 읽으면서 당시에 그런 평가를 받은 이유가 글 자체의 성격 때문이 아니라 글들이 당대의 분위기와 의견에 정면으로 맞섰기 때문이라는 사실을 알게 될 것이라고 믿는다. 반대로, 나 자신은 그 동안 벌어진 사건들에 비춰가며 이 글들을 다시 읽으면서 과장된 표현보다는 억제된 표현을 더 많이 확인한다. 그것은 이 글들이 쓰인 시대의 경제적 환경에 따른 자연스런 결과였다.

이 에세이들을 쓸 때, 나는 아주 많은 것을 의식하지 않을 수 없었다. 나의 견해를 지지할 사람은 극소수인 반면에 반대하고 나설 사람은 구름처럼 많을 것이라는 점을 늘 염려하고 있었다. 따라서 나 스스로 증거로 뒷받침할 수 없는 말은 한마디도 하지 않으려고 애를 썼다. 나는 나의 신념과 논증이 허락하는 범위 안에서 최대한 온건한 입장을 보이려고 스스로를 끊임없이 다스렸다.

이 에세이들에서 나는 대중을 제때 이해시키려고 성급하게 서두르는 모습을 보였다. 그런 한편으로 나는 먼 미래를 보려는 노력도 게을리하지 않았으며 또 느린 속도로 진행되는 경제 문제들의 본질도 소상히 밝히려고 애썼다.

독자 여러분은 이 에세이들에서 흔히 경제 문제라고 부르는, 계급들과 국가들 사이의 경제적 투쟁과 결핍, 빈곤은 일시적이고 불필요한 혼란에 지나지 않는다는 나의 평소 지론을 강하게 느낄 수 있을 것이다.

경제 문제가 불필요한 혼란인 이유는 서구의 경우에 경제 문제를 해결할 자원과 기술이 이미 확보되어 있기 때문이다.

그래서 이 에세이들을 쓴 나는 불길한 말을 쏟아내고 있음에도 불구하고 경제 문제가 뒷전으로 밀려나고 진정으로 중요한 문제들, 이를테면 삶의 문제와 인간관계의 문제, 창작과 행동과 종교의 문제 등이 인류의 가슴과 머리를 지배하게 될 날이 멀지 않았다는 희망을 여전히 품고 있다. 내가 그런 믿음을 가질 수 있는 이유는 경제적 분석을 통해서도 확인되고 있다.

만일 사람들이 줄곧 낙관적인 가설에 따라 행동한다면, 그 가설이 현실로 나타날 가능성이 커진다.

반면에 비관적인 가설에 따라 행동한다면, 인류는 결핍의 함정에서 쉽게 빠져나오지 못하게 될 것이다.

이 책을 출간하는 시기로는 지금이 더없이 적절한 것 같다. 모두가 전환기에 서 있기 때문이다. 지금은 국가적 위기로 불린다. 그러나 그것은 맞는 말이 아니다. 영국의 경우에 심각한 위기가 끝났기 때문이다. 영국은 지금 두 개의 폭포 사이에 잠시 비켜서서 휴식을 취하고 있다. 중요한 것은 우리가 선택의 자유를 다시 확보했다는 사실이다.

그럼에도 우리 대부분은 다음에 무엇을 해야 할 것인지, 또 되찾은 선택의 자유를 어떤 식으로 이용할 것인지에 대해서는 막연한 생각밖에 갖고 있지 않다. 그래서 나는 독자 여러분이 지나온 과거를 되돌아보게 함으로써 그 과거가 당시에는 어떤 식으로 보였는지, 그때 우리가 저지른 실수의 본질이 무엇인지를 파악할 수 있도록 돕기를 원한다.

1931년 11월 8일
존 메이너드 케인스

차례

파트 III
정치

파트 IV
미래

평화 조약

1장

파리

1919년

환경에 익숙해지는 능력은 인간의 아주 두드러진 특징이다. 그렇기 때문에 서유럽이 지난 반세기 동안 기준으로 삼으며 살아온 경제 조직의 본질이 대단히 독특하고, 불안정하고, 복잡하고, 신뢰할 수 없고, 또 잠정적이라는 사실을 확실히 깨닫고 있는 사람은 거의 없다.

영국인들은 최근에야 확인하게 된 유리한 이점들 중에서도 가장 특이하고 일시적인 것들 일부를 당연하고, 영원하고, 또 신뢰할 만한 것이라고 단정하고 거기에 맞춰 계획을 짜고 있다. 불안정하고 거짓된 토대 위에 사회 발달을 위한 계획을 세우고, 정치 강령을 마련하고, 악감정을 쌓고, 특별한 야망을 추구하고, 유럽 국가들 사이의 갈등을 해소시키지 않고 오히려 촉진시켜도 좋을 만큼 힘을 충분히 확보했다고 느끼고 있는 것이다.

독일 국민은 광적인 망상과 무모한 이기심에 휩싸여 모든 유럽인들이 살아오던 삶의 바탕을 완전히 뒤엎어 버렸다. 그러나 프랑스 국민과 영국 국민의 대변자들은 독일이 시작한 파괴를 평화 조약을 통해 최종적으로 마무리지으려 들고 있다. 현실로 실행된다면, 이 평화 조약은 이미 전쟁에 의해 뒤틀리고 파괴된, 섬세하고 복잡한 경제 조직을 복구해야 할 판에 오히려 더 손상시킬 것임에 틀림없다. 경제 조직이 건재해야만 그것을 통해서 유럽의 모든 민족들이 고용을 누리며 살 수 있을 텐데.

영국에서 삶의 겉모습을 보아서는 한 시대가 끝났다는 사실을 느끼거나 깨닫기 어렵다. 영국인들은 전쟁 때문에 삶의 실들을 내려놓았던 그 자리에서 다시 그 실들을 찾느라 바쁘다. 전쟁 전과 현재 사이에 다음과 같은 차이밖에 없다. 영국인들 중 많은 사람들이 옛날보다 훨씬 더 부유해진 것처럼 보인다는 점이다. 영국인들은 전쟁 전에 수백만 파운드를 지출하던 곳에 지금은 수억 파운드를 지출하면서도 그런 지출로 인해 고통을 겪지 않는다는 사실을 알게 되었다. 분명, 영국인들은 경제적 삶의 가능성을 최대한 발휘하지 않았다. 따라서 영국인들은 1914년의 안락으로 되돌아가기를 바랄 뿐만 아니라 그 안락을 크게 확대하고 강화하기를 바라고 있다. 모든 계층은 서로 똑같이 비슷한 계획을 세우고 있다. 부유한 계층은 지출을 더 많이 하고 예금을 더 적게 할 계획을, 가난한 계층은 지출을 더 많이 하고 일을 더 적게 할 계획을 세우고 있다.

그러나 세상 돌아가는 사정을 모르고 이런 식으로 살아도 괜찮은 곳은 오직 영국(그리고 미국) 뿐일 것이다. 유럽 대륙에는 지축이 흔들리고, 온 곳에서 불만이 터져 나오고 있다. 유럽 대륙에서 그것은 사치의 문제나 노동 쟁의의 문제가 아니라 삶과 죽음의 문제이고, 아사(餓死)와 생존의 문제이고, 죽어가는 문명의 마지막 발악의 문제이다.

휴전협정 후 6개월 중 상당 기간을 파리에서 보낸 영국인에게, 가끔 런던을 방문하는 것은 아주 낯선 경험이었다. 영국은 여전히 유럽 밖에 서 있다. 유럽의 소리 없는 전율은 영국까지 가 닿지 않는다. 유럽은 영국과 동떨어져 있고, 영국은 유럽의 몸통의 일부가 아니다.

유럽은 하나의 덩어리로 아주 견고하다. 프랑스와 독일, 이탈리아, 오스트리아, 네덜란드, 러시아, 루마니아, 폴란드 등의 심장은 서로 함께 박동하고 있으며, 이 국가들의 구조와 문명은 기본적으로 하나이다. 이 국가들은 함께 번영했고, 전쟁에서도 함께 파괴되었다. 이번 전쟁에서 영국은 대단히 많은 기여를 하고 희생을 치렀음에도 경제적으로 유럽 밖에 서 있다. 앞에 나열한 국가들은 아마 무너질 때에도 함께 무너질 것이다.

바로 여기에 파리평화회의의 파괴적인 측면이 있다. 만약 유럽의 내전이 프랑스와 이탈리아가 지금 납작 엎드리고 있는 독일과 오스트리아-헝가리 제국을 파괴하기 위해 일시적 승리에 따른 권력을 마구 휘두르는 것으로 끝난다면, 프랑스와 이탈리아는 자국의 파멸까지 초래하는 꼴이 되고 말 것이다. 이유는 프랑스와 이탈리아가 자국이 제물로 삼고 있는 독일이나 오스트리아-헝가리 제국과 심리적으로나 경제적으로 서로 아주 단단하게 연결되어 있기 때문이다.

여하튼, 파리평화회의에 참석하면서 그 기간에 연합국의 최고경제위원회(Supreme Economic Council)의 구성원으로 활약한 한 영국인은 책임과 견해의 측면에서 유럽인이 되지 않을 수 없었다. 이 영국인 본인에게도 그것은 새로운 경험이었다. 유럽 체제의 신경중추인 파리에서, 영국인으로서 품었던 선입견은 많이 약해졌을 게 틀림없다. 그 영국인은 선입견보다 더 무서운 다른 유령들에게 시달렸을 게 분명하다. 파리는 악몽이었고, 그곳의 모든 사람은 병적이었다. 경박한 회의 현장엔 대재앙이 다가오고 있다는 위기감이 팽배했고, 사람들은 자신을 빤히 직시하고 있는 중대한 사건들 앞에서 무력감과 나약함을 느꼈으며, 결정들은 대단히 중요함에도 불구하고 비현실적인 측면을 안고 있었다. 밖에서 경솔과 맹목, 오만을 탓하는 외침이 혼란스럽게 들려왔다. 고대 비극의 온갖 요소들이 거기에 다 있었다.

호화스런 프랑스의 회의장의 부자연스런 장식들 틈에 몸을 깊이 파묻고 앉아 있으면 이런 궁금증이 일어날 것이다. 얼굴 표정에 조금의 변화도 보이지 않는 우드로 윌슨(Woodrow Wilson) 미국 대통령과 조르주 클레망소(Georges Clemenceau) 프랑스 총리의 출중한 얼굴이 진짜 얼굴인지 아니면 기이한 어떤 드라마 혹은 인형극의 가면인지 모르겠다는 생각이 드는 것이다.

파리평화회의의 전개 과정은 대단히 중요하다는 분위기를 풍기는 한편으로 그다지 중요하지 않다는 분위기도 풍겼다. 거기서 나오는 결정들은 인류 사회의 미래를 좌우할 것처럼 보였다. 그럼에도, 회의장의 분위기는 '말은 중요하지 않아'라거나 말은 무의미하고, 아무런 효과가 없으며, 사건과 별개라고 속삭이는 것 같았다. 마치 사건들이 위원회 소속 정치인들의 정신 작용의 영향을 전혀 받지 않으면서 제 스스로 저주스런 결론을 향해 나아가고 있는 것처럼 느껴졌다.

2장

독일의 배상금 지급 능력

1919년

독일이 전쟁 발발 전에 누렸던 지급 능력은 다음과 같은 여러 요인으로 인해 큰 타격을 입은 것이 분명하다. 거의 모든 식민지와 해외 커넥션, 상선과 외국 재산의 상실, 영토와 인구의 10% 할양, 석탄의 3분의 1과 철광석의 4분의 3 할양, 젊은 남자 200만 명의 희생, 4년에 걸친 국민들의 굶주림, 엄청난 전쟁 부채의 부담, 예전의 7분의 1에도 못 미치는 통화 가치, 동맹국들의 영토의 붕괴, 국내의 혁명과 인근 국가의 볼셰비즘, 4년에 걸친 전쟁과 패배에 따른 능력과 희망의 상실 등을 겪은 독일의 지급 능력은 절대로 옛날과 같을 수 없다.

　이 모든 것은 너무나 명백하다고 모든 사람이 판단할 것이다. 그럼에도 독일로부터 거액의 배상금을 끌어내겠다는 계획의 근거가 된 추산의 대부분은 독일이 미래에 무역을 옛날보다 엄청나게 더 활발하게 할 위치에 선다는 것을 전제로 하고 있다.

독일의 배상액을 책정하는 문제라면, 평화 조약이 생각하는 바와 달리, 배상금 지급이 현금(즉 외환)으로 이뤄지는가 아니면 부분적으로 현물(석탄, 염료, 목재 등)로 이뤄지는가 하는 문제는 전혀 중요하지 않다. 어쨌든, 독일의 지급은 구체적인 상품의 수출을 통해서만 이뤄질 수 있다. 이 수출의 가치를 배상을 위한 계좌로 돌리는 것은 비교적 사소한 문제이다.

가능할 때마다 통계로 돌아가지 않으면, 우리는 가설의 늪에 빠져 길을 잃고 말 것이다. 독일이 여러 해에 걸쳐 수입을 줄이고 수출을 늘려 외환 보유를 확대할 수 있어야만 배상금을 지급할 수 있는 것은 너무나 분명한 사실이다. 어쨌든 독일은 재화로, 오직 재화로만 배상금을 지급할 수 있다. 재화가 직접 연합국에게 공급되든 아니면 중립국에 팔리든, 독일의 배상금 지급은 재화로만 이뤄질 수 있는 것이다. 독일이 재화를 중립국에 팔 경우에는 그 가치만큼의 돈이 연합국으로 양도될 것이다. 재화를 통한 지급이 어느 정도 될 것인지를 평가하는 가장 확실한 바탕은 전쟁 전 독일의 교역을 분석하면 나온다. 그 분석에다가 부(富)를 생산하는 능력에 관한 전반적인 통계 자료를 참고할 경우에 독일의 수출이 수입을 초과할 수 있는 최대 폭에 대한 합리적인 추측이 가능해진다.

1913년에 독일의 수입은 5억3,800만 파운드였고 수출은 5억500만 파운드였다. 이는 통과무역을 제외한 수치이다. 말하자면 수입이 수출보다 3,300만 파운드 더 많았다는 뜻이다. 그러나 1913년까지 그 전 5년 동안의 평균을 보면, 독일의 수입은 수출보다 7,400만 파운드나 더 많았다. 그렇다면 독일이 전쟁 전에 한 신규 외국 투자는 기존의 외국 증권에서 나온 이자나 해운, 외국 금융 등에서 얻은 수익으로 이뤄졌다는 뜻이다. 지금은 독일이 외국 재산과 상선을 빼앗기고 외국 금융과 외국에서 얻던 다른 작은 수입원들마저 다 파괴되었기 때문에, 전쟁 전의 수출과 수입을 바탕으로 판단하면 독일은 무역으로 외국에 지급할 잉여를 창출하기는커녕 자립조차 제대로 하지 못할 것이다.

따라서 독일의 첫 과제는 이 적자를 메우기 위해 소비와 생산을 재조정하는 일이 되어야 한다. 독일은 수입 물자를 제대로 이용할 수 있어야만 경제를 활성화시킬 수 있을 것이다. 또 그래야만 수출이 자극을 받게 될 것이고, 따라서 연합국에 대한 배상도 가능해질 것이다.

여기서 주요 품목들을 다시 살펴보자. (1)철 제품: 독일의 자원 상실을 감안하면, 수출의 순(純)증가는 불가능하고 오히려 수출이 감소할 가능성이 있다. (2)기계류: 약간의 증가가 가능하다. (3)석탄과 코크스: 전쟁 전에 독일의 순(純)수출은 2,200만 파운드였다. 연합국은 한동안 석탄과 코크스의 수출을 최고 2,000만 톤으로 묶고 미래에 4,000만 톤까지 늘린다는 데 합의했다. 아마 이 수치까지 수출량을 늘리는 것은 불가능할 것이다. 석탄과 코크스를 2,000만 톤 수출할 경우에, 전쟁 전의 가격을 기준으로 환산하면 가치의 증가는 사실상 전혀 없다. 만약에 이 양이 강제된다면, 생산에 석탄이 필요한 제품의 수출액이 크게 떨어질 것이다. (4)양모 제품: 천연 양모가 없으면 수출 증대는 불가능하다. 다른 국가들의 천연 양모 수요를 고려하면, 양모 제품의 수출이 감소할 확률이 높다. (5)면 제품: 양모 제품과 똑같은 상황에 처할 것이다. (6)곡물: 수출이 수입을 초과한 적이 한 번도 없었으며 앞으로도 절대로 없을 것이다. (7)가죽 제품: 양모 제품과 비슷한 상황일 것이다.

지금까지 전쟁 전 독일 수출액 중 거의 반을 살펴보았다. 예전에 수출 비중이 3% 이상을 차지했던 품목 중에서 언급되지 않은 품목은 없다. 독일이 이 외의 다른 어떤 제품으로 배상금을 지급한단 말인가? 염료로? 1913년에 염료의 총 가치는 1,000만 파운드였다. 장난감? 탄산칼륨? 1913년에 탄산칼륨의 수출 총액은 300만 파운드였다. 설령 그런 제품을 갖고 배상금을 지급하려 노력한들 그것을 어느 시장에 판단 말인가? 그것도 수천 만 파운드가 아니라 수억 파운드씩 팔아야 한다는 사실을 기억해야 한다.

수입 쪽을 보면, 차라리 수출보다 가능성이 조금 더 있어 보인다.

생활 수준을 낮추면, 수입 제품에 대한 지출을 상당히 줄일 것이다. 그러나 앞에서 이미 보았듯이, 중요한 품목들 중 많은 것은 규모를 줄일 경우에 반드시 수출에 그 영향이 나타나게 되어 있다.

터무니없을 만큼 엉터리가 아닌 범위 안에서 최대한 높게 추산해 보자. 독일이 자원과 설비, 시장, 생산력의 축소에도 불구하고 어느 정도 시간이 지나면 수출을 늘리는 한편으로 수입을 축소해서 무역 수지를 전쟁 전의 물가 기준으로 매년 1억 파운드 정도 개선시킨다 고 가정하자. 이 액수는 먼저 전쟁 전 5년 동안에 평균 7,400만 파운 드에 달하던 무역적자를 해소하는 데 필요하다. 그러나 그런 열악한 환경에서도 무역흑자를 매년 5,000만 파운드를 이룬다고 가정하자. 여기에 제품 가격이 전쟁 전에 비해 2배 높아졌다고 가정하면, 1억 파운드라는 숫자가 가능해진다. 순수하게 경제적인 요소만 아니라 정치적, 사회적, 인간적 요소들까지 고려한다면, 독일이 앞으로 30 년 동안 이만한 금액을 매년 지급할 수 있을 것이라고 나는 믿지 않 는다. 그래도 독일이 그렇게 할 수 있다고 단언하거나 희망하는 것 은 그다지 바보짓처럼 보이지 않을 것이다.

이자율을 5%로 보고 원금 상환을 1%로 잡는다면, 매년 1억 파운 드씩 30년 동안 지급하는 조건은 곧 현재 가치로 17억 파운드 정도 의 원금을 갖고 있는 것이나 마찬가지이다.

그래서 나는 최종적으로 독일이 배상금을 지급할 수 있는 능력의 상한선은 20억 파운드라는 결론에 도달한다. 여기엔 즉시 양도 가능한 부와 할양된 재산, 매년 지급하는 공물 등 모든 것이 포함된다. 그럼에도 나는 모든 상황을 고려할 때 독일이 실제로 그만한 돈을 지급할 수 있다고는 믿지 않는다.

앞에서 내가 제시한 숫자를 키울 가능성이 있는 분야는 오직 하나뿐이다. 말하자면 독일의 노동력이 폐허가 된 지역으로 옮겨가 거기서 재건 사업에 종사하는 것이다. 이런 계획이 제한적이나마 실제로 논의되고 있다는 소리가 들린다. 이런 계획으로 얻을 수 있는 수입은 독일 정부가 이 방향으로 돌릴 노동자들의 숫자와 벨기에와 프랑스의 주민들이 오랜 기간 받아주려는 숫자에 좌우된다. 어쨌든 재건 현장에 상당히 긴 기간 동안 수입 노동력을 투입하는 것은 매우 어려울 것이며, 그에 따를 순가치를 따지면 2억5,000만 파운드를 넘지 않을 것이다. 이 수치조차도 실제로 배상에 보탬이 될지는 미지수이다.

따라서 80억 파운드, 아니 50억 파운드도 합리적으로 가능하지 않은 수치이다. 구체적인 품목을 제시하거나 시장을 열거하며 그 만한 배상금을 받아낼 수 있다고 말하는 것은 독일이 매년 수억 파운드를 지급할 수 있다고 믿는 사람들을 위한 기만에 지나지 않는다. 그런 주장을 펴는 사람들이 어느 정도 세부적으로 파고들면서 자신들의 결론을 뒷받침할 실질적인 증거를 제시할 때까지, 그들의 말을 믿어서는 곤란하다.

여기서 나는 세 가지 단서를 붙인다. 이 단서 중 어느 것도 지금 당장 나의 논거에 영향을 미치지 않는다.

첫째, 연합국이 5년 내지 10년 동안 독일의 무역과 산업을 "보호 육성"한다면, 다시 말해 독일에 대규모 융자를 제공하고, 그 기간에 해운과 식량, 원료 등을 공급하고, 독일을 위해 시장을 형성하고, 또 독일을 전 세계는 아니더라도 유럽에서 가장 큰 산업 국가로 만드는 일에 연합국의 자원을 투입한다면, 그 이후로 상당히 큰 금액을 독일로부터 받아낼 수 있을 것이다. 독일의 경우에 매우 높은 생산성을 발휘할 수 있기 때문이다.

둘째, 화폐로 추산하면서 가치 단위의 구매력에 혁명적인 변화가 일어나지 않을 것이라고 전제하고 있다. 만약에 금의 가치가 현재 가치의 반이나 10분의 1로 떨어진다면, 금으로 고정된 지급의 실제 부담은 그에 비례하여 줄어들 것이다. 만약에 1파운드 금화가 현재의 실링 가치로 떨어지면, 그럴 경우엔 당연히 독일은 내가 지금 추산한 것보다 훨씬 더 큰 금액을 지급할 수 있을 것이다.

셋째, 자연과 원료가 인간의 노동에 안기는 결실에 획기적인 변화가 없을 것이라고 전제하고 있다. 과학의 발달이 삶의 전체 수준을 상상을 초월할 정도로 높일 수 있는 방법과 장치를 찾아내는 것도 불가능하지 않은 일이다. 그런 상황이 벌어진다면, 사람은 지금의 노동량보다 훨씬 더 적은 노동으로도 많은 제품을 생산할 수 있을 것이다. 그러면 모든 분야에서 "능력"의 수준이 변할 것이다. 그러나 모든 것이 가능해진다는 사실조차도 바보 같은 생각의 구실이 될 수는 없다.

1870년에 어느 누구도 1910년의 독일의 능력을 예측하지 못한 것이 사실이다. 우리 인간은 한 세대 이상을 예측할 수 있을 것이라고 기대하지 못한다. 인간의 경제적 조건에 나타나는 세속적 변화와 인간의 예측이 엉터리일 가능성은 언제나 인간을 이쪽 혹은 저쪽 길로 잘못 이끌 수 있다. 이성적인 인간으로서 우리는 정책을 마련할 때 확보 가능한 증거를 바탕으로 해야 한다. 그것이 최선의 방법이다. 그러면서 정책을 예측이 어느 정도 통하는 5년 내지 10년의 기간에 맞춰 조정해야 한다. 독일이 장기간에 걸쳐 지급할 수 있는 능력이 어느 정도일지에 대한 지식을 전혀 갖추지 않았다고 해서, 독일이 100억 파운드를 지급할 수 있다는 식으로 터무니없는 주장을 펴는 것이 정당화될 수는 없다.

그렇다면 세계가 진실하지 못한 정치인들의 말을 그처럼 쉽게 믿어버리는 이유는 무엇인가? 이에 대한 설명이 필요하다면, 나는 과거에 있었던 다음과 같은 영향들에서 그 답을 찾을 것이다.

우선, 유럽인 모두가 엄청난 전쟁 비용의 지출과 물가 상승, 가치 단위의 불안정을 낳은 통화 가치 하락 등을 지켜보면서 그만 재정 문제에서 숫자와 규모에 대한 감각을 상실했다는 점이다. 모든 영역이 가능성의 한계로 믿어왔던 범위를 크게 벗어났다. 따라서 예상의 근거를 과거에 두었던 사람들은 종종 틀린 것으로 확인되었다. 그렇게 되자 아주 평범한 사람들조차도 이젠 권위 있는 것처럼 위장한 것이면 무엇이든 믿을 준비가 되어 있다. 숫자의 경우엔 클수록 사람들에게 더 쉽게 받아들여지는 것 같다.

그러나 문제를 깊이 들여다보는 사람들도 가끔 합리적인 것처럼 보이는 오류에 휘둘리게 된다. 그런 사람은 독일의 수출 초과와는 완전히 다른 생산성 초과를 근거로 결론을 내린다. 독일 경제학자 카를 헬페리히(Karl Helfferich)가 추산한 1913년도 독일 부의 증가는 4억 파운드에서 4억2,500만 파운드 사이였다(기존의 토지와 재산의 화폐 가치 상승분은 제외했다). 전쟁 전에 독일이 군비로 5,000만 파운드에서 1억 파운드 사이의 예산을 지출했는데, 이 돈을 지금은 다른 곳에 지출할 수 있다. 그런데 독일이 매년 5억 파운드를 연합국 측에 지급하지 못할 이유가 뭐야? 이 같은 주장은 설득력이 상당해 보인다.

그러나 거기엔 두 가지 실수가 있다. 무엇보다 먼저, 독일의 저축은 전쟁을 겪은 터라 옛날보다 크게 떨어질 것이다. 또 조약에 따라 미래에 해마다 배상금을 지급한다면, 독일의 저축은 다시는 예전 수준으로 올라가지 못한다. 알자스-로렌과 폴란드, 어퍼 실레지아의 상실은 잉여 생산성으로 따지면 그 피해가 매년 5,000만 파운드에 달할 것이다. 독일은 선박과 외국 투자, 외국 금융과 외국 커넥션으로 매년 1억 파운드의 이익을 챙긴 것으로 짐작되는데, 지금은 이 모든 것을 다 빼앗긴 상태이다. 군비에서 아낀 돈은 지금 2억5,000만 파운드로 추산되는 연금을 충당하기에도 부족한데, 이 연금이야말로 생산력의 진정한 상실을 상징하는 것이 아닌가. 또 현재 2,400억 마르크에 달하는 대내 채무 부담을 생산성보다 내부 분배의 문제로 여겨 옆으로 밀어놓는다 하더라도, 독일이 전쟁 기간에 진 외채와 비축 원료의 고갈, 가축의 격감, 비료와 노동력의 부족으로 인한 토지 생산성 훼손, 그리고 거의 5년 동안 수리를 하지 않은 데 따른 부의 감소 등은 고려되어야 한다. 독일은 지금 전쟁 전만큼 부유하지 않으며, 이런 이유들 때문에 미래의 저축률은 10%에도 미달할 것이다. 말하자면 저축액이 연 4,000만 파운드에도 미치지 못할 것이라는 뜻이다.

이런 요소들 때문에 독일의 연(年) 흑자는 연합국이 다른 근거에서 독일의 최대 지급 능력으로 잡은 1억 파운드 밑으로 이미 떨어졌다. 그러나 전쟁에서 패배한 독일이 마땅히 감수해야 할 생활 수준의 하락이 고려되지 않았다는 반론이 제기되더라도, 그래도 계산 방법에 여전히 근본적인 오류가 하나 더 있다. 국내 투자에 쓰일 수 있는 잉여가 수출 가능한 잉여로 전환되려면 일의 종류에 근본적인 변화가 일어나야만 한다.

독일의 일부 노동력은 독일 국내의 일에는 능률적일지라도 아직 외국 무역에서는 전혀 출구를 찾지 못할 수 있다. 여기서 다시 우리는 수출 무역을 분석할 때 직면했던 문제에 봉착하게 된다. 독일의 노동력은 어떤 수출 무역에서 그 길을 찾을 수 있을까? 노동이 새로운 경로를 찾을 때에는 반드시 능률 상실이 따르고 자본 지출의 확대가 수반되기 마련이다. 독일의 노동이 국내의 자본 증대를 통해 이룰 수 있는 잉여는 이론적으로나 실질적으로나 독일이 해외에 지급할 수 있는 배상금의 수단은 절대로 되지 못한다.

독일의 배상금이라는 주제에 대해 논하면서, 나는 마치 연합국 측의 공약이나 경제적 사실만을 근거로 하면 배상금이 정당화되는 것처럼 접근할 수는 없다. 독일을 한 세대 동안 예속의 지위로 전락시키거나, 수백 만 명의 인간에게 모욕을 안기거나, 독일이라는 국가 전체의 행복을 몽땅 박탈하는 정책은 혐오스럽기도 하고 가증스럽기도 하다. 설령 그런 정책이 실행 가능하고, 또 연합국 주민들을 부유하게 만들고, 유럽 전체 문명을 쇠퇴시킬 씨앗을 뿌리지 않는다 하더라도, 그래도 그것이 혐오스런 정책인 것은 마찬가지이다. 어떤 사람들은 그런 정책을 정의의 이름으로 설교한다. 인류 역사의 중대한 사건들 속에서, 그리고 국가들의 뒤엉킨 운명의 전개 속에서, 정의는 절대로 그렇게 간단한 것이 아니다. 정의가 간단한 것이라면, 국가들은 적의 자식들까지 찾아가 그들의 부모나 통치자가 저지른 비행(非行)을 근거로 괴롭힐 권리를 종교적으로나 도덕적으로 갖지 못할 것이다.

3장

유럽 재건을 위한 제안

1919년

1) 조약의 수정

평화 조약의 내용을 바꿀 수 있는 합법적인 수단이 있는가? 윌슨 미국 대통령과 얀 스머츠(Jan Smuts) 영국 장군은 평화 조약에 국제 연맹 규약을 채택한 효과가 평화 조약의 나머지에 담긴 악보다 훨씬 더 크다고 믿으면서 국제연맹이 유럽에 보다 관대한 삶을 점진적으로 정착시키는 데 기여할 것이라고 기대하고 있다.

스머츠 장군은 평화 조약 서명에 관한 성명을 발표하면서 이렇게 강조했다. "개정이 필요한 영토 합의가 있다. 새롭게 조성된 평화의 분위기와 옛 적국들이 무장을 해제한 상태와 조화를 이룰 약속들이 나올 것이라고 우리 모두가 희망하고 있다. 보다 차분해진 환경에서 망각의 강으로 흘려보내고 싶은 그런 처벌도 있다. 유럽의 산업 부흥에 엄청난 피해를 입히지 않고는 실현될 수 없는 배상도 있다. 이런 상황에서 보다 너그럽고, 보다 중도적인 자세를 취하는 것이 모두에게 이로울 것이다. … 국제연맹이 이 전쟁으로 야기된 폐허로부터 유럽이 일어설 수 있는 길을 열어줄 것이라고 나는 확신한다."

윌슨 대통령은 1919년 7월 초 미국 상원에서 평화 조약을 제시하면서 이렇게 말했다. 국제연맹이 창설되지 않으면, "… 독일이 다음 세대 동안에 마무리하게 될 배상 의무를 장기간 감독하는 임무가 흐지부지될 수 있고, 조약이 정한 대로 장기적인 이점이 없거나 너무 오랫동안 실행될 경우에 불공정할 수 있는 행정적 합의나 제약을 다시 고려하거나 수정하는 것도 불가능할 수 있다."

그렇다면 국제연맹 창설을 주도한 두 인물이 기대한 이점이 국제연맹의 활동을 통해 성취될 것이라고 기대해도 좋을까? 이에 대한 대답을 얻을 수 있는 대목이 국제연맹 규약의 19조에서 발견된다. 이 조항은 이렇게 되어 있다.

> 총회는 국제연맹 회원국들에게 적용이 불가능하게 되어 버린 조약을 재고할 것을 조언하고 또 지속될 경우에 세계 평화를 위협할 수 있는 그런 국제적 상황이 벌어지면 그 상황까지 고려하도

록 조언할 것이다.

그런데 이 일을 어쩌나! 국제연맹 규약 중 5조가 이렇게 규정하고 있으니···. "이 규약에 명백히 제시되거나 평화 조약의 항목에 제시된 것을 제외하고, 총회나 이사회의 결정은 그 회의에 대표를 보내고 있는 회원국들 모두의 동의를 필요로 한다." 평화 조약이 정한 조건들을 둘러싸고 조기에 일어날 수 있는 재고(再考)에 대해 말하자면, 이 조항은 국제연맹을 단지 시간만 낭비하는 조직으로 전락시키지 않을까?

만약에 평화 조약의 모든 당사자들이 특별한 어떤 정신에서 평화 조약의 조건에 변경이 필요하다는 의견을 똑같이 갖고 있다면, 그 조건을 바꾸는 데는 국제연맹 같은 조직도 필요하지 않고 규약 같은 것도 필요하지 않을 것이다. 그런데도 국제연맹은 의견의 일치를 보일 때조차도 구체적으로 영향을 받을 회원국들에게 재고를 "조언"할 수 있을 뿐이다.

그러나 국제연맹을 지지하는 사람들은 이런 식으로 말한다. 국제연맹은 세계 여론에 미치는 영향력을 통해서 그 임무를 수행할 것이며, 또 다수의 의견은 법적으로 어떤 효과를 발휘하지 않을 때에도 국제연맹의 관행에 결정적 영향을 미치게 되어 있다는 것이다. 그렇게만 된다면 얼마나 다행한 일일까. 그런 소망에도 불구하고,

국제연맹은 노련한 유럽 외교관들의 손아귀에 놀아나며 저지와 지연의 불공평한 도구로 전락할 수 있다.

조약 개정에 관한 권한은 주로 수시로 모이는 이사회가 아니라 드물게 모이는 총회에 주어졌다. 그런데 대규모 국제회의 경험이 많은 사람이라면 누구나 잘 알듯이 총회라는 조직은 원래부터 여러 가지 언어를 섞어가며 지루하게 토론을 벌이는 그런 회의가 되기 십상이다. 그렇게 되면 참가자들의 결심이 아무리 대단하고 또 회의 운영이 아무리 부드럽게 진행된다 하더라도, 중요한 이슈들은 현상유지를 선호하는 반대파에 막혀 해결되기 어려울 것이다.

국제연맹 규약에 정말 심각한 오점이 두 군데 있다. 만장일치를 규정한 5조가 그 하나이고, 많은 비판을 받은 10조가 다른 하나이다. 10조는 "국제연맹 회원국들은 외부 공격에 맞서 회원국들의 영토 보전과 기존의 정치적 독립을 존중하고 지킬 것을 약속한다."고 정하고 있다. 이 두 조항은 서로 함께 작용하면서 진보의 도구로서 국제연맹이 지닌 개념을 어느 정도 파괴하고 또 국제연맹이 처음부터 현상유지를 선호하는 편향을 갖도록 만들었다. 애초에 국제연맹에 반대하던 사람들 중 일부가 국제연맹을 받아들이도록 한 것이 바로 이 조항들인데, 이 반대자들은 지금 국제연맹을 적국의 경제적 폐허를 영속화시키기 위한 또 하나의 신성동맹으로, 그리고 자신들에게 유리한 쪽으로 세력균형을 지켜나갈 보루로 만들기를 희망하고 있다.

"이상주의"를 위해 조약 개정이라는 구체적인 문제의 어려움을 감추는 것은 잘못된 일이고 또 어리석은 일일 것이다. 그러나 그렇다고 그 어려움 때문에 국제연맹을 비난해서는 안 된다. 결국엔 세계의 지혜가 국제연맹을 강력한 평화의 도구로 바꿔놓을 것이다.

국제연맹은 조항 11-17을 통해서 이미 위대한 성취를 이룩해냈다. 그래서 나는 조약 개정을 위한 첫 번째 시도는 반드시 국제연맹을 통해서 이뤄져야 한다는 데 동의한다. 이 같은 의견의 바탕에는 여론의 힘이나 필요한 경우에 금융적 압박과 유인책을 동원하면, 고집불통의 소수(少數)가 거부권을 행사하지 못하도록 막을 수 있을 것이란 희망이 작용하고 있다.

우리 모두는 신생 정부들이 그 전의 정부보다 더 깊은 지혜와 더 큰 아량을 보일 것이라고 믿어야 한다. 그런데 이 신생 정부들의 존립은 연합국에게 크게 좌우된다고 나는 생각한다.

여기서 조약 중에서 개정해야 할 부분을 조항별로 세세하게 따지진 않을 것이다. 다만 유럽의 경제적 삶에 필요한 3가지 중대한 변화, 즉 배상과 석탄과 철, 관세와 관련한 바람직한 변화에 대해서만 논할 것이다.

배상

배상으로 요구한 금액이 연합국이 응당 받아야 할 금액보다 작다면, 배상의 대상이 되는 항목을 구체적으로 나열하거나 그 항목에 대해 설명하는 것은 불필요한 일이다. 그래서 나는 다음과 같은 타협안을 제시한다.

(1) 독일이 배상과 점령군의 비용으로 지급할 돈의 총액은 20억 파운드로 확정되어야 한다.

(2) 조약에 따라 양도된 상선과 해저 케이블, 휴전협정에 따라 양도된 전쟁 물자, 할양된 영토 안에 있는 주 정부 재산, 할양된 영토가 떠안아야 할 공공 부채, 독일이 옛 동맹국들에게서 받을 돈 등을 총 5억 파운드로 잡고, 이에 대해 항목별로 평가하려 들지 말아야 한다.

(3) 20억 파운드에서 5억 파운드를 뺀 15억 파운드는 분할 지급이 이뤄지는 동안에 이자가 붙지 않아야 한다. 독일은 1923년부터 매년 5,000만 파운드씩 30년 동안 할부 형식으로 지급해야 한다.

(4) 배상위원회는 해산되어야 한다. 그래도 수행해야 할 의무가 남아 있다면, 배상위원회는 국제연맹의 부속 기관이 되어야 하고 또 독일과 중립국의 대표도 포함해야 한다.

(5) 독일이 매년 상환하는 금액을 자국에 편리한 방법으로 할 수 있도록 해야 한다. 독일의 의무 불이행에 대한 불만은 국제연맹에

제기되어야 한다.

(6) 오스트리아로부터는 배상금을 받지 말아야 한다.

석탄과 철

(1) 연합국이 부속서 5에 따라 석탄에 대해 갖게 된 권리를 포기해야 한다. 그러나 탄광 파괴로 야기된 프랑스의 석탄 손실에 대한 배상 의무는 독일이 그대로 져야 한다. 말하자면, "독일은 10년을 넘지 않는 기간 동안, 전쟁으로 파괴된 노르파드칼레의 탄광에서 생산되는 석탄의 양과 전쟁 전에 거기서 캐낸 석탄 양의 차이만큼 매년 석탄을 프랑스에 넘겨야 한다. 그 양은 첫 5년 동안에는 2,000만 톤을 넘지 않고, 그 다음 5년 동안엔 800만 톤을 넘지 않아야 한다". 그럼에도 불구하고, 어퍼 실레지아의 탄광 지역이 주민 투표의 결과 독일에서 떨어져 나가게 될 경우에는 이 의무 또한 폐기되어야 한다.

(2) 독일이 자르 탄광에 대한 대가를 전혀 받지 않아야 한다는 조항과 독일이 그곳의 탄광과 영토를 10년 뒤에 대가를 지급하지 않고 무조건적으로 돌려받는다는 조항을 제외하곤, 자르 탄광 지역에 관한 약속은 지켜져야 한다. 그러나 이 약속도 조건적이어야 한다. 프랑스도 전쟁 전에 로렌에서 독일 본토로 넘어갔던 철광석의 50% 이상을 같은 기간에 독일로 보내야 한다는 조건이다. 이는 독일이

전쟁 전에 독일 본토에서 로렌으로 넘어간 양과 똑같은 양의 석탄을 로렌에 공급하기로 약속한 데 대한 대가의 성격을 지닌다.

(3) 어퍼 실레지아에 관한 약속은 반드시 지켜져야 한다. 말하자면, 주민투표가 실시되어야 하고, 주요 연합국과 관련국들은 "표결에 나타난 주민들의 바람과 그 지역의 지리적 및 경제적 조건을 존중해야 한다."는 뜻이다. 그러나 연합국은 그곳의 거주자들이 결정적으로 반대 의사를 표명하지 않는 이상 자신들의 판단에 "경제적 조건"은 석탄 지역을 독일에 포함할 것을 요구한다는 점을 선언해야 한다.

관세

국제연맹의 보호 아래, 자유무역연합 같은 것이 결성되어야 한다. 이 연합에 속하는 국가들은 다른 회원국들과 독일, 폴란드, 그리고 예전에 오스트리아-헝가리 제국과 터키 제국을 이뤘던 신생 국가들의 제품에 대해 보호관세를 물지 말아야 한다. 위임통치를 받는 국가들은 10년 동안 이 연합에 의무적으로 가입해야 하며 그 이후에는 회원국으로 남을 것인지 여부를 스스로 결정한다. 그 외 다른 국가들의 가입은 처음부터 자유의사에 맡겨질 것이다. 그러나 영국은 처음부터 회원국으로 참가하는 것이 바람직하다.

배상금을 독일의 지급 능력 범위 안에서 책정함으로써, 독일 내에 희망과 진취적 기상이 다시 살아날 수 있도록 하고 또 조약의 실현 불가능한 조항 때문에 일어날 영원한 갈등과 부적절한 압박의 가능성을 피함과 동시에 배상위원회의 과도한 권력을 불필요하게 만들어야 한다. 또 석탄과 직접적으로나 간접적으로 관련 있는 조항들을 수정하고 철광석의 교환을 통해서, 독일의 산업이 계속 살아남도록 돕고 또 정치적 국경의 간섭으로 인해 제철 산업의 생산성이 떨어지는 것을 어느 정도 막을 수 있어야 한다.

자유무역연합의 결성을 통해, 현재 탐욕스럽고 미성숙하고 경제적으로 불완전한 민족주의 국가들 사이에 새롭게 형성되고 있는 수많은 정치적 국경으로 인해 생길 경제적 조직의 상실과 경제적 효율의 상실을 어느 정도 만회할 수 있을 것이다. 거대한 영토가 몇 개의 큰 제국으로 나뉘어 있을 때, 경제적 국경은 그래도 견딜 만했다. 그러나 독일 제국과 오스트리아-헝가리 제국, 러시아 제국, 터키 제국이 20개의 독립 국가로 분할될 때, 경제적 국경은 더 이상 견딜 만하지 않을 것이다. 중부와 동부, 남동부 유럽 전체와 시베리아, 터키, (나의 희망대로라면) 영국과 이집트, 인도를 두루 아우르는 자유무역연합은 세계 평화와 번영에 국제연맹 못지않은 기여를 할 것이다. 벨기에와 네덜란드, 스칸디나비아, 스위스도 곧 거기에 합류할 것이다. 그리고 프랑스와 이탈리아도 우방국들로부터 자유무역연합에 들어오라는 손짓을 받을 것이다.

짐작건대, 일부 비판자들은 이런 자유무역연합이 사실상 독일이 예전부터 꿈꿔왔던 '미텔-유로파'(Mittel-Europa: 중부 유럽)를 실현시키는 결과를 낳을 것이란 식으로 이의를 제기할 것이다. 만약에 다른 국가들이 자유무역연합에 합류하지 않을 만큼 어리석어서 자유무역연합에 따른 모든 이익을 독일만 누리게 된다면, 그 지적도 완전히 틀린 말은 아니다. 그러나 모든 국가가 가입할 기회를 갖고 또 어느 국가에게도 특권이 주어지지 않는 경제 체제는 틀림없이 배제와 차별이라는 제국주의적 음모로부터 자유로울 것이다.

자유무역연합이 독일의 꿈을 실현시키는 결과만 낳을 것이라는 비판에 대해 우리는 국제 관계와 세계 평화의 미래를 생각하는 관점에서 접근해야 한다. 독일에겐 적어도 한 세대 동안은 어떤 번영도 누릴 기회를 줘서는 안 된다거나, 연합국은 모두 빛의 천사인 반면에 적들, 말하자면 독일인과 오스트리아인, 헝가리인은 모두 악의 자식이라거나, 독일은 영원히 빈곤해야 하고 독일의 아이들은 영원히 굶주리고 장애를 안고 살아야 한다거나, 독일은 적들로 에워싸인 가운데 살아야 한다는 식의 견해를 갖고 있다면, 이 장에서 제시하는 모든 제안은 아무런 의미를 지니지 못한다. 그런 견해를 가진 사람들에겐 특히 독일이 예전의 물질적 번영을 부분적으로 다시 회복하고 도시 인구가 생계 수단을 찾도록 도와주자는 제안은 정말 터무니없는 소리로 들릴 것이다.

그럼에도 독일을 돕는 것이 바람직하다는 견해가 서부 유럽의 민주주의 국가들 사이에 채택되고 거기에 미국의 재정적 지원이 더해진다면, 하늘은 유럽인 모두를 도울 것이다. 그러나 만약에 서유럽의 민주주의 국가들이 교묘하게 중부 유럽을 빈곤하게 만드는 것을 목표로 잡는다면, 감히 예견하건대, 머지않아 복수전이 펼쳐질 것이다. 그러면 반동 세력과 혁명 세력 사이에 결정적인 내전이 벌어질 것이다. 이 내전에 비하면 독일이 일으킨 지난번 전쟁의 공포는 아무것도 아닐 것이다. 반동 세력과 혁명 세력 사이의 내전은 누구의 승리로 끝나든 우리 세대의 문명과 진보를 파괴하고 말 것이다. 훗날 결과가 우리를 실망시킬지라도, 그럼에도 우리는 보다 밝은 기대를 바탕으로 행동해야 하고, 한 나라의 번영과 행복은 다른 나라들의 번영과 행복을 증진시킨다고 믿어야 하고, 인간의 연대는 허구가 아니라고 믿어야 하고, 또 국가들은 서로를 동료로 대할 수 있다고 믿어야 하는 것이 아닌가?

앞에서 제안한 것과 같은 변화들은 유럽의 산업 인구들이 생계를 계속 이어가는 데 큰 도움을 줄 수 있다. 그러나 그 같은 변화들만으로는 충분하지 않을 것이다. 특히, 프랑스는 이론적으로 패배자가 될 것이며(프랑스가 현재 제시하고 있는 요구들이 실제로 성취될 것이라는 보장이 전혀 없기 때문이다), 프랑스가 현재의 곤경에서 탈출하는 길은 다소 다른 방향에서 찾아야 할 것이다. 그래서 나는 먼저 미국과 연합국이 각국의 청구서를 놓고 서로 조정할 것을, 그 다음에는 유럽이 운영 자본을 마련할 수 있도록 신용을 충분히 제공하자고 제안한다.

2) 연합국이 상호간에 진 부채의 청산

배상 조건을 수정하자고 제안하면서, 나는 지금까지 이 문제를 독일과의 관계 속에서만 고려했다. 그러나 공정하려면, 연합국 사이의 분배에도 그에 버금가는 삭감이 이뤄져야 한다. 다른 고려사항뿐만 아니라 연합국 측 정치인들이 전쟁 동안에 연단에서 고백한 믿음에 비춰보면, 적의 공격으로 피해를 입은 부분이 우선적으로 배상을 받아야 한다. 별거 수당도 연합국이 배상을 받으려는 최종 목표 중 하나이지만, 연합국 측은 그 동안에 별거 수당 회수를 전쟁 목표에 한 번도 포함시키지 않았다.

그래서 나는 연합국 측이 행동을 통해 스스로 성실하고 신뢰할 만하다는 사실을 입증해야 하고, 따라서 영국은 벨기에와 세르비아, 프랑스를 위해 현금 배상에 대한 자국의 주장을 포기해야 한다고 판단한다. 그러면 독일이 지급하는 금액 전부는 적의 실제 공격으로 고통을 겪은 국가와 지역의 물질적 피해를 복구하는 데 우선적으로 쓰일 것이다. 그럴 경우에 나는 앞에 제시한 15억 파운드 정도면 실제 복구비용을 적절히 충당할 수 있을 것이라고 믿는다. 더욱이, 영국이 조약의 개정을 정직한 마음으로 요구할 수 있는 길은 현금 배상에 대한 자국의 청구를 완전히 포기하는 방법밖에 없다. 1918년 총선을 의식해 채택한, 독일로부터 거액의 배상금을 받아낸다는 정책에서 명예롭게 발을 빼기 위해서도 이런 식의 접근이 필요하다.

배상 문제가 이런 식으로 해결된다면, 전향적인 입장에서 다른 두 가지 재정적 제안을 제시하는 것이 가능해진다. 이 제안 모두는 미국의 관용을 전제 조건으로 하고 있다.

첫 번째 제안은 연합국(그리고 관련국) 정부들이 전쟁 목적을 추구하는 과정에 서로에게 진 빚을 모두 말소하자는 것이다. 이미 다른 곳에서 제시한 바 있는 이 제안은 미래의 세계 번영에 절대적으로 필요한 조치이다. 세계의 번영에 관심이 큰 두 강대국인 영국과 미국이 이 제안을 받아들인다면, 먼 미래를 내다보는 정치력으로 높이 평가받을 만하다. 이 제안이 받아들여질 경우에 각국이 말소의 혜택을 받을 금액은 다음과 같다.

국가별 채권, 채무액(단위: 백만 파운드)

채권국 채무국	미국	영국	프랑스	합계
영국	842	....	....	842
프랑스	550	508	....	1,058
이탈리아	325	467	35	827
러시아	38	568	160	766
벨기에	80	98	90	268
세르비아와 유고슬라비아	20	20	20	60
기타 연합국들	35	79	50	164
합계	1,890	1,740	355	3,985

　그렇다면 연합국이 상호간에 진 부채는 총 40억 파운드에 달한다. 돈을 빌려주기만 한 국가는 미국뿐이다. 영국은 빌린 돈보다 배 정도 많은 돈을 빌려주었다. 프랑스는 빌려준 돈보다 3배 정도 많은 돈을 빌렸다. 다른 연합국은 돈을 빌리기만 했다.

　연합국 상호간에 지고 있는 부채를 서로 탕감한다면, (모든 융자가 양호하다고 가정할 경우에) 장부상의 결과는 미국이 20억 파운드 정도를 양보하고 영국이 9억 파운드 정도를 양보하게 될 것이다. 반면에 프랑스는 7억 파운드 정도, 이탈리아는 8억 파운드 정도의 이익을 챙길 것이다. 그러나 이 수치는 영국의 손실을 과장하는 한편, 프랑스의 이익을 축소하고 있다. 왜냐하면 두 나라의 융자 중 큰 몫이 러시아로 나간 것이고, 어떠한 기준으로도 이 융자는 양호한 것으로 평가받지 못하기 때문이다. 영국이 연합국에 준 융자의 가치를 명목 금액의 50% 정도로 친다면, 연합국 상호간에 부채를 서로 탕감한다 해도 영국은 잃을 것도 없고 얻을 것도 없다.

그러나 이 같은 계산은 어디까지나 이론일 뿐이다. 그런 조치가 실제로 취해질 경우에 그에 따를 대중의 분노를 가라앉히는 일이 엄청난 과제가 될 것이다. 따라서 이 제안은 미국의 관용을 절대적으로 필요로 한다.

나는 전쟁 기간 내내 영국과 미국, 그리고 다른 연합국의 재무부 사이의 상호 관계에 대해 잘 알고 있었다. 그런 입장에서, 나는 유럽이 미국에 그런 관용을 요구하는 것도 정당하다고 믿는다. 유럽이 전쟁을 중단하고 유럽 대륙 전체의 경제적 재편을 성취하기 위해 경제적인 방향으로나 다른 방향으로 명예롭게 노력하고 있다는 점을 고려한다면, 미국에 그런 요구를 하는 것도 그리 지나치지 않다. 미국의 부에 비춰보면, 미국의 재정적 희생은 유럽 국가들의 희생에 비해 훨씬 덜했다. 그렇지 않다면, 이 같은 요구는 불가능할 것이다.

전쟁은 기본적으로 유럽의 싸움이었다. 그런 전쟁에 미국이 국력을 전력투구한다는 것도 미국 국민들에게 납득이 되지 않는 일이었을 것이다. 미국은 전쟁에 참전한 뒤로 재정적 지원을 결코 아끼지 않았다. 미군의 투입이 전쟁 판도에 미친 결정적인 영향과 별도로, 미국의 재정적 지원이 없었더라면, 연합국은 전쟁에서 결코 승리를 거두지 못했을 수 있다.

그러나 미국의 재정적 지원에 대해 이런 식으로 말하면서, 유럽인들은 미국이 내놓은 돈은 투자 성격의 돈이 아니라는 점을 암묵적으로 전제하고 있다. 만약 유럽이 미국으로부터 받은 20억 파운드의 재정적 지원을 복리 5%로 계산해서 상환해야 한다면, 문제는 아주 다른 양상을 띠게 될 것이다. 미국의 재정 지원을 이런 의미로 본다면, 미국의 재정적 희생은 매우 작아질 것이다.

이 제안이 받아들여지지 않으면, 전쟁은 연합국의 국가가 다른 국가에 엄청난 액수의 공물을 바치는 결과를 낳는 것으로 끝을 맺을 것이다. 이 공물의 전체 금액은 심지어 적에게서 받을 금액을 초과할 것이다. 그러면 전쟁은 연합국이 적으로부터 배상을 받는 것이 아니라 서로에게 배상금을 주는 불행한 결과를 낳을 것이다.

바로 이런 이유 때문에, 연합국 간의 부채 문제는 유럽 연합국의 국민들이 배상 문제에 대해 느끼는 격한 감정과 밀접히 연결되어 있다. 연합국 국민들의 감정은 독일의 실제 지급 능력을 바탕으로 한 합리적인 계산에 근거한 것이 아니라, 독일이 지급하지 않을 경우에 각국이 처하게 될 고통스런 재정 상황을 근거로 하고 있다.

극단적인 예로 이탈리아를 보자. 이탈리아가 8억 파운드를 지급할 수 있다고 기대하는 것이 합리적이라면, 틀림없이 독일도 그보다 훨씬 더 큰 금액을 지급할 수 있고 또 지급해야 한다. 그렇지 않고 만약에 오스트리아는 거의 한 푼도 지급하지 않는다는 쪽으로 결정이 내려진다면, 오스트리아는 공물 지급을 면제 받는데 이탈리아는 허리가 휠 정도로 많은 공물을 내야 한다는 것은 터무니없는 결론이 아닌가? 약간 각도를 달리 해서, 이탈리아는 그만한 거액을 낼 수 있다고 판단하면서 체코슬로바키아는 한 푼도 안 내게 하는 것은 도대체 무슨 이유인가?

다른 방향으로 극단적인 예가 바로 영국이다. 영국의 경우엔 재정적 상황이 많이 다르다. 왜냐하면 영국에 8억 파운드를 지급하라고 요구하는 것은 이탈리아에 그 만한 금액을 지급하라고 요구하는 것과 매우 다른 제안이기 때문이다. 그래도 국민의 감정은 거의 똑같다. 영국이 독일로부터 충분한 배상을 받지 않은 가운데서 미국에 돈을 지급한다면, 영국 국민의 항의가 얼마나 거세어지겠는가? 그러면 미국은 영국에 1순위 저당을 설정했는데 영국은 겨우 독일과 프랑스, 이탈리아, 러시아의 파산한 재산에 대한 청구권으로 만족해야 하는가, 하는 식의 자조 섞인 말이 돌 것이다.

프랑스의 예도 영국 못지않게 심각하다. 프랑스는 독일로부터 파괴에 대한 완전한 배상을 거의 받지 못할 것이다. 그럼에도 전승국인 프랑스는 1870년에 독일에 패한 뒤 독일에 지급했던 배상금보다

4배 이상 더 많은 금액을 우방국과 연합국에 지급해야 한다. 연합국이나 관련국의 손에 비하면 비스마르크(Otto von Bismarck)의 손이 차라리 더 부드러웠을 것이다. 따라서 연합국 국민들이 적국으로부터 배상금을 받을 확률에 관한 진실을 직시하기 전에 먼저 연합국 간의 부채를 해결할 필요가 있다.

유럽 연합국이 이 부채의 원금과 이자를 지급하는 것이 불가능하다고 말하는 것은 과장일 수 있다. 그러나 연합국이 원금과 이자를 상환하도록 하면 그건 틀림없이 무거운 부담으로 작용할 것이다. 따라서 지급을 회피하려는 시도가 끊임없이 전개될 것으로 예상되며, 이 같은 시도는 여러 해 동안 국제 분쟁과 적대감의 불씨로 작용할 것이다.

원래 채무국은 채권국을 좋아하지 않는다. 그렇기 때문에 프랑스나 이탈리아, 러시아가 여러 해 동안 영국이나 미국에 지급해야 하는 공물 때문에 자국의 발전을 이루지 못한다고 판단할 경우에 그 국가들이 영국이나 미국에 선의를 품을 것이라고 기대하는 것은 어리석은 짓이다. 그 나라들은 다른 방향으로 우방을 찾으려 들 것이며, 미래에 평화적 관계를 깨뜨릴 불화라도 일어나기라도 하면 외채 상환을 피할 기회라는 생각부터 먼저 할 것이다. 반대로, 막대한 부채를 서로 탕감한다면, 최근에 연합한 국가들 사이에 진정한 연대와 우정이 강화되는 기폭제가 될 것이다.

막대한 전쟁 부채는 어디서나 재정적 안정을 위협한다. 유럽 국가들 중에서 지급 거절이 곧 중요한 정치적 이슈로 부상하지 않을 나라는 하나도 없다. 국내 부채의 경우에는 이해 당사자들이 있고, 또 국내 부채의 문제는 부의 분배의 문제이다. 그러나 외채는 그렇지 않다. 채권국들은 곧 자국의 이해관계가 채무국의 정부 형태나 경제 조직과 불편하게 엮여 있다는 사실을 깨닫게 될 것이다. 현금 부채가 뒤얽힌 문제에 비하면, 복잡한 동맹이나 연맹의 문제는 아무것도 아니다.

그러나 이 제안에 대한 의견은 전쟁이 국내외에 야기한 재정 관련 문제가 미래에 세계 발전에 미칠 영향이라는 측면에서 나와야 한다. 전쟁은 모든 국가가 다른 나라에 엄청난 부채를 지는 결과를 안기며 끝났다. 독일은 연합국에 막대한 금액을 갚아야 하고, 연합국은 영국에 막대한 빚을 졌고, 영국은 미국에 막대한 빚을 졌다. 모든 국가는 자국의 전쟁 공채 소지자들에게 큰 금액을 갚아야 하고, 각국의 납세자들은 국가에 그만한 돈을 내야 한다. 전체 상황이 대단히 인위적이고, 오해를 불러일으키고, 아주 성가시다.

우리 모두는 이 '종이 사슬'에서 풀려나지 못하는 한 절대로 다시 앞으로 나아가지 못할 것이다.

누구에게나 따뜻하게 덥혀줄 화톳불이 너무도 간절히 필요한 상황이다. 그렇기 때문에 우리가 화톳불을 질서정연하고 차분하게 관리하지 못하게 되어 누군가에게 부당한 피해를 입히게 될 경우에, 그 불은 대화재로 번지면서 다른 지역까지 파괴할 수 있다. 국내 부채에 대해서라면, 나는 전쟁에 개입한 유럽의 모든 국가가 재정을 건전하게 살리기 위해 자본 과세를 절대적으로 필요로 하고 있다고 믿는다. 그러나 정부들끼리 막대한 부채를 그대로 안고 가는 것은 그 자체로 아주 특별한 위험이다.

19세기 중반까지는 어느 국가도 외국에 큰 규모의 채무를 지지 않았다. 예외가 있다면 군대의 점령을 통해 강요하는 공물이나 봉건제도 하에서 군주들에게 바치던 공물 정도였다. 유럽 자본주의가 지난 50년 동안 신세계에서 출구를 발견할 필요성을 느꼈고, 또 그 때문에 아르헨티나 같은 국가들이 영국 같은 나라에 매년 돈을 지급하게 된 것은 사실이다. 그러나 그 체계는 허약하며, 그 체계가 지금도 살아남을 수 있었던 것은 단지 그 규모가 아르헨티나 같은 나라에 큰 부담이 되지 않았기 때문이다.

지금도 채무국의 부담은 그리 크지 않다. 이유는 외채가 실제 자산과 연결되어 있고 또 채권국이 빌려준 돈의 규모가 채무국이 미래에 빌릴 돈에 비해 터무니없을 만큼 크지 않기 때문이다. 금융가들은 이 체계에 익숙하고 또 이 체계를 사회 질서의 일부로 받아들이고 있다. 그래서 금융가들은 이에 비춰 정부들 사이에도 이와 비슷한 체계가 자연스럽고, 합리적이고, 인간 본성과도 일치한다고 믿는 경향을 보인다. 정부들 사이의 그런 체계는 규모가 압도적일 만큼 크고, 자산과 연결되지 않고, 소유 체계와 별로 관계가 없다는 점에서 개인들 사이의 체계와 다르다.

그러나 나는 이런 세계관을 의심한다. 국내의 자본주의조차도 애국심을 일으키고, 일상적인 생산 과정에서 일정 역할을 하고, 사회 조직의 안전을 크게 좌우하고 있지만, 깊이 따지고 들면 아주 안전하지는 않다. 자본주의가 안전할 것인지 여부를 떠나서, 불만을 품은 유럽 주민들이 앞으로 한 세대 동안이나 자신이 생산한 제품의 상당 부분을 외국에 대한 채무 상환용으로 내놓기 위해 삶의 방식까지 바꾸려 할까? 유럽과 미국 사이의 상환이든 아니면 독일과 유럽의 다른 국가들 사이의 상환이든, 유럽 주민들의 입장에서 볼 때 그 상환에 정의감도 느껴지지 않고 의무감도 느껴지지 않는데도?

한편으로 보면, 유럽은 장기적으로 자신들의 일상적 노동에 의존해야 한다. 미국의 관대함에 의존해서는 안 된다. 그럼에도 유럽 주민들은 일상적인 노동의 결실을 다른 나라로 보내기 위해 스스로 허리띠를 졸라매려 하지 않을 것이다.

요약하면, 많은 나라에 강요되는 공물 중에서 그 어떤 것도 지속적으로 지급될 것이라고 나는 믿지 않는다. 길어봐야 겨우 몇 년에 불과할 것이다. 공물은 인간의 본성과도 일치하지 않고 시대정신과도 어울리지 않는다.

이런 사고방식이 조금의 힘이라도 발휘한다면, 지금쯤 관대함이 최선의 정책이라는 사실이 확인되었을 것이다. 그리고 연합국 국가들 사이에 우의를 최대한 돈독히 촉진하는 정책은 관용의 정신을 발휘하는 미국의 장기적 이해관계와도 상충하지 않는다는 사실이 확인될 것이다.

3) 국제 융자

이제 두 번째 제안을 제시한다. 유럽이 필요로 하는 것들은 모두 시간을 다툰다. 앞으로 두 세대 동안 영국과 미국에 엄청난 액수의 이자를 지급해야 한다는(그리고 독일로부터 매년 복구비용을 받는다는) 생각에서 풀려날 수 있다면, 미래에 대한 걱정은 많이 가실 것이다. 그러나 그것만으로는 현재 유럽이 앓고 있는 '병'을 해결하지 못한다.

유럽의 병을 구체적으로 든다면, 수입 초과와 통화 불안 등이 있다. 일시적 외부 지원 없이 유럽의 생산을 다시 촉발시키는 것은 매우 어려운 일이다. 그래서 나는 어떤 형태로든 국제 융자가 있어야 한다는 주장을 편다. 프랑스와 독일, 영국의 여러 분야에서, 그리고 미국에서 제시되고 있는 그런 형태의 융자라면 충분할 것이다. 어떤 식이 되었든, 상환은 분할로 이뤄져야 하고, 융자 자원을 마련하는 부담은 불가피하게 주로 미국에 떨어질 것이다.

이런 종류의 다양한 프로젝트에 반대하는 의견은 주로 다음과 같다. 미국은 최근 유럽 문제를 경험한 뒤로 유럽에 깊이 개입하지 않으려 하고 있으며, 어쨌든 당분간은 미국도 외국으로 대규모로 보낼 자본을 갖고 있지 않다. 또 유럽이 재정적 지원을 원래의 목적에 쓸 것이라는 보장도 전혀 없다. 유럽이 그 돈을 낭비하지 않을 것이라는 보장도 없다. 당연히 2, 3년 뒤엔 지금과 달라질 것이라는 보장도 없다. 루이 클로츠(Louis Klotz) 프랑스 재무장관은 이 융자 덕분에 새로운 세금을 부과할 날짜를 조금 더 뒤로 늦출 것이고, 이탈리아와 유고슬라비아는 액수를 놓고 서로 다툴 것이고, 폴란드는 이웃국가들을 상대로 프랑스가 정해준 군사적 역할을 수행하는 데 돈을 쓸 것이고, 루마니아의 지배 계급은 전리품으로 여겨 서로 나눠가질 것이다.

요약하면, 유럽이 지난 9개월 동안의 인물과 정책과 관행을 1, 2년 더 지속하도록 하기 위해, 미국이 자국의 발달을 지연시키고 또 생활비를 높이는 결과를 낳게 될 것이라는 뜻이다. 특히 독일에 대해 언급하자면, 유럽 연합국은 파리평화회의에서 미국의 재정 담당 대표들의 주장과 호소에도 불구하고 독일로부터 마지막 운영자본까지 빼앗았다. 그런 유럽의 연합국이 지금 미국에 손을 벌린다는 것이 도대체 말이나 되는가? 또 유럽 연합국이 1, 2년 후에 독일을 상대로 강탈을 시작할 수 있도록 하기 위해, 독일을 옛날의 모습으로 복귀시키는 데 필요한 기금을 미국에 요구하는 것이 과연 합당한가?

지금 같은 상황에서 이 같은 반대를 잠재을 대답은 전혀 없다. 내가 미국 재무부 관리라도 유럽의 현 정부들에게는 한 푼도 빌려주지 않을 것이다. 유럽의 현 정부들은 그런 돈을 받을 만큼 신뢰를 쌓지 못했다. 아마 돈이 주어지면 틀림없이 기존의 정책을 연장하는 데 투입할 것이다.

윌슨 대통령이 미국 국민들의 힘과 이상을 확실히 보여주는 데 실패했을지라도, 미국의 공화당과 민주당은 똑같이 유럽 정부들의 정책을 혐오하고 있다. 그러나 만약에, 우리 모두가 간절히 기도하는 바인데, 유럽 사람들의 영혼이 이번 겨울에 전쟁 동안에도 깨어지지 않은 거짓 우상들을 멀리하면서 지금 자신들을 사로잡고 있는 증오와 민족주의 대신에 유럽 가족의 행복과 연대에 대한 희망과 사상을 키운다면 어떻게 될까? 그럴 경우엔 미국 국민들은 새삼 동정심과 형제애를 느끼면서 사소한 반대를 접고 자신들의 중요한 과업을 마무리하려 할 것이다. 그 과업이란 바로 유럽이 망상을 버리고 새롭게 태어나게 함으로써 유럽을 조직적인 힘의 압제로부터 구원하는 것이다.

설령 그 변화가 충분히 이뤄지지 않고 또 유럽 각국의 일부 정당만이 화해 정책을 고수한다 하더라도, 미국은 여전히 유럽이 나아갈 길을 가리키는 한편으로, 유럽의 삶을 부활시키는 일을 도울 계획을 마련한 가운데 미국이 도움을 제공할 수 있는 조건을 제시함으로써 평화를 사랑하는 정당의 손을 높이 들어줄 수 있을 것이다.

미국인들의 마음속에서 혼란과 분규, 폭력, 비용, 그리고 무엇보다 유럽 문제들의 불명확성으로부터 벗어나고 싶은 충동이 강하게 일어나고 있다는 소리가 들린다. 그런 충동은 충분히 이해가 된다. 유럽 정치인들의 어리석음과 비현실성을 반박하는 것이 얼마나 지당한지를 나만큼 절실하게 느끼는 사람도 별로 없을 것이다.

그러나 만약에 미국이 잠깐 시간을 내서 유럽이 자국에 어떤 의미였고 또 지금 어떤 의미인지에 대해, 온갖 불행한 것들에도 불구하고 예술과 지식의 어머니인 유럽이 지금 어떤 존재이고 또 미래에 어떤 존재일 것인지에 대해 생각한다면, 미국은 무관심과 고립을 택하라는 조언을 거부하고 인류의 진보와 문명에 결정적으로 중요한 이슈에 관심을 기울이지 않을 수 없을 것이다.

희망의 불씨를 계속 지펴나가기 위해, 미국이 유럽의 선한 힘들을 강화할 준비가 되어 있고 또 유럽이 적을 최종적으로 짓밟은 상태에서 불행에 빠져 힘들어 하도록 내버려 두지 않을 것이라고 가정해보자. 그러면 미국의 지원은 어떤 형태가 되어야 하는가?

여기서 나는 미국의 지원에 대해 세세하게 제안하지 않을 것이다. 그러나 국제 융자는 어떤 형태로 이뤄지든 대략적 윤곽은 상당히 비슷할 것이다. 지원의 손길을 펼 수 있는 입장에 있는 국가들과 중립국, 영국, 미국은 연합국과 옛 적국을 구분하지 않고 전쟁을 겪은 유럽 대륙의 국가들을 위해 이 국가들이 외국에서 구매할 수 있는 신용을 제공해야 한다. 필요한 총액은 간혹 제시되는 것만큼 크지 않아도 될 것이다. 우선 2억 파운드 정도의 기금이면 많은 일을 해낼 수 있다. 이 금액은 100% 다 상환한다는 조건으로 빌려주고 또 빌려야 한다. 100% 상환을 목표로 잡으면, 융자에 대한 상환이 최대한 충실하게 이뤄진다. 구체적으로, 이 국제 융자에 대한 원금 상환과 이자 지급은 배상 관련 지급과 연합국 상호간의 전쟁 부채, 국내 전쟁 융자, 온갖 종류의 정부 부채보다 우선되어야 한다. 차입국들 중에서 독일로부터 배상을 받게 되어 있는 나라는 배상으로 받는 돈을 신규 융자의 상환에 써야 한다. 그리고 모든 차입국은 관세 수입을 융자 상환으로 돌려야 한다.

융자로 얻은 돈의 지출은 전반적으로 채권국들의 관리 감독을 받아야 한다.

식량과 원료의 구입에 쓸 융자 외에, 국제연맹의 모든 회원국이 형편에 따라 갹출해 2억 파운드의 보증 기금을 추가로 마련할 수 있다면, 그것을 바탕으로 통화 개혁을 실시할 수 있을 것이다.

이런 식으로 유럽은 희망을 되살리고, 경제 조직을 부활시키고, 본래부터 갖추고 있던 부(富)를 노동자들을 위해 활용하는 데 필요한 최소한의 현금 자원을 얻게 될 것이다. 현재로선 그런 계획을 놓고 더 세세하게 논해 봐야 아무런 소용이 없다. 이 장에서 제시한 제안들이 실제로 정치의 영역으로 넘어가려면 먼저 여론에 큰 변화가 일어나야 한다. 그때까지 사건들의 전개를 끈기 있게 기다려야 한다.

어디에서도 돌발적이거나 극적인 사태가 벌어질 조짐은 별로 보이지 않는다. 폭동과 혁명이 일어날 수 있지만, 지금으로선 근본적 중요성을 지니는 그런 폭동이나 혁명은 없을 것 같다. 혁명은 정치적 압제와 불공평에 맞서는 무기이다. 하지만 분배의 불공평 때문에 일어난 경제적 박탈이 아니라 전반적인 경제적 박탈로 고통 받는 사람들에게, 혁명이 어떤 희망찬 계획을 제시할 수 있겠는가? 정말로, 중부 유럽에서 혁명을 피하는 유일한 보호수단은 바로 혁명이 절망에 빠진 사람들의 마음에 향상의 전망을 전혀 제시하지 못한다는 사실이다. 따라서 앞으로 반(半)기아 상태가 조용히 오래 이어질 것이고, 자연히 삶과 안락의 기준도 점진적으로 낮아질 것이다. 유럽이 파산과 쇠퇴를 겪도록 내버려둔다면, 그 상태는 장기적으로 모두에게 영향을 미칠 것이다.

그래도 다행한 것이 한 가지 있다. 지금 나아가고 있는 길을 재검토하고 세계를 새로운 눈으로 볼 시간이 아직은 있다는 점이다. 미래를 좌우할 사건들이 지금 전개되고 있고, 유럽의 운명은 더 이상 몇몇 사람의 손에 달려 있지 않다. 앞으로 몇 년 동안 일어날 사건들은 정치인들의 교묘한 술책의 영향을 받지 않고, 역사의 표면 아래에서 지속적으로 흐르고 있는 숨겨진 물결의 영향을 받을 것이다. 이 숨겨진 물결이 어떤 결과를 낳을 것인지에 대해 지금 아무도 예측하지 못한다. 우리는 오직 한 가지 방법으로만 이 숨겨진 물결에 영향을 미칠 수 있을 뿐이다. 그 방법은 의견을 변화시킬 교육과 상상력의 힘을 작동시키는 것이다. 진실을 굳게 믿고, 망상을 깨뜨리고, 증오를 불식시키고, 사람들의 가슴과 마음을 활짝 열고 또 확장시켜야만 숨겨진 물결의 방향을 우리에게 이로운 쪽으로 돌려놓게 될 것이다.

4장

/

의견의 변화

/

1921년

대중의 요구에 따라 어리석은 말을 내뱉고, 그런 다음에는 그 말과 일치하지 않는 행동은 절대로 하지 않는 것이 현대 정치인들의 방식이다. 이 대목에서 철저히 아이 중심으로 운영되는 몬테소리 교육 방식이 떠오른다. 아이를 대중으로 바꿔놓으면 현재의 정치 행태가 쉽게 이해될 것이다.

아이에게 이의를 제기하는 가정교사는 곧 다른 교사에게 자리를 내놓게 될 것이다. 그러니 아이가 불을 건드리려 들어도 불꽃의 아름다움을 칭송해야 하고, 장난감을 깨뜨리면 그 소리를 음악으로 여겨 찬미해야 한다. 아니, 아이가 그런 행동을 더 열심히 하도록 부추겨야 한다. 그러면서 현명하고 친절한 사회의 구원자가 이제 막 칭송의 소리에 주의력이 한껏 높아진 아이를 필요할 때면 언제든 낚아채 뒤로 잡아당겨주길 기대한다.

나는 이런 식의 형편없는 정치 능력도 그럴 듯한 말로 옹호할 수 있다. 로이드 조지(Lloyd George)는 파리평화회의에 대한 책임을 맡았다. 현명하지 못하고, 부분적으로 실행 불가능하고, 유럽의 삶을 위험에 빠뜨린 조약이다. 따라서 그는 다음과 같이 말함으로써 자신을 방어할 수도 있다. 조약이 현명하지 못하고 부분적으로 실행 불가능하고 유럽의 삶을 위험에 빠뜨릴 것이라는 점을 잘 알았지만, 대중의 열정과 대중의 무지도 이 세상에서 어떤 역할을 하는데 민주주의 국가를 이끌어야 하는 자신으로서는 대중의 열정과 무지도 고려하지 않을 수 없었다고. 또 베르사유 조약은 대중의 요구사항과 주요 행위자들의 성격이 허용하는 범위 안에서 도출해낸 최고의 일시적 해결책이었으며, 유럽의 삶을 위해 2년 동안 위험을 피하거나 약화시키면서 자신의 기술과 힘을 다 쏟았다고 말할 수도 있을 것이다.

이 같은 주장도 부분적으로 진실이고 또 무시할 수 없다. 프랑스와 미국 측 참가자들에 의해 확인되고 있듯이, 파리평화회의의 은밀한 역사는 로이드 조지에게 호의적인 편이다. 자신의 개인적 패배의 위험을 무릅쓰려는 정신이 보이지 않았을 뿐, 대체로 로이드 조지가 조약의 과도함에 반대하고 자신이 할 수 있는 일을 하려고 노력하는 모습을 보여주었다. 뒤이어 나온 2년 동안의 공식적인 역사는 로이드 조지를 조약의 사악한 영향 중 많은 것으로부터 유럽을 보호하려고 노력한 인물로 그리고 있다. 그는 아무도 당해내지 못할 교활함으로, 유럽의 번영은 아니어도 유럽의 평화를 유지하려고 노력하며 진실한 행동을 종종 했다. 그러면서도 속내는 좀처럼 표현하지 않았다. 따라서 로이드 조지는 자신이 가능성에 충실한 하인으로서 우회적인 경로를 따르면서 인류에게 이바지하고 있었다고 주장할 수 있다.

로이드 조지로서는 이것이, 말하자면 옳은 길을 따르면서 속기도 하고 유혹도 당하고 그러면서 유리한 위치에 서려고 노력하는 것이 민주주의가 할 수 있는 최선의 길이라고 판단할 수 있다. 하나의 방법으로 진실 혹은 정직을 선호하는 것은 정치 분야에서 실질적 선(善)과 일치하지 않는 미학적 또는 개인적 기준에 근거한 편향일 수도 있다.

우리는 아직 말할 수 없다. 대중도 경험을 통해 배운다. 우리 시대 이전까지 쌓였던 정치인들의 신뢰도가 갈수록 떨어지고 있는 때에, 이 같은 주문(呪文)이 여전히 효과를 발휘할 수 있을까?

아무튼 사적인 개인들은 공공의 복리를 위해서 자신의 정직을 희생시킬 의무를 각료들만큼 강하게 느끼지 않는다. 사적인 사람이 자유롭게 말하고 글을 쓰는 것은 용납되는 방종이다. 아마도 개인의 이런 방종은 정치인들이 가진 마법의 지팡이들이 우리의 종국적 선을 추구하는 쪽으로 서로 함께 신비한 힘을 발휘하도록 하는 요소로 작용할 것이다.

이런 여러 가지 이유로, 나는 베르사유 조약의 문구를 엄격히 해석한 내용을 바탕으로 『평화의 경제적 결과』(The Economic Consequences of the Peace)를 쓴 데에 대해, 혹은 베르사유 조약의 이행에 따를 결과를 연구한 데 대해 실수를 인정하지 않는다. 나는 베르사유 조약의 상당 부분이 실행 불가능하다고 주장했다. 그러나 나는 바로 그 실행 불가능성 때문에 베르사유 조약이 무해하다고 주장하는 많은 비평가들의 의견에 동의하지 않는다.

내부 의견은 조약에 관한 나의 중요한 결론들 중 많은 것을 처음부터 받아들였다. 그러나 그렇다고 해서 외부 의견이 나의 주요 결론을 받아들여야 한다는 점이 덜 중요해지는 것은 결코 아니었다.

현재 두 가지 의견이 있다. 예전처럼 진실한 의견과 거짓 의견이 있는 것이 아니라, 외부 의견과 내부 의견이 있다. 말하자면 정치인들과 신문들이 반영하는 대중의 의견이 있고, 정치인과 저널리스트, 공직자들이 제한적인 집단 안에서 은밀히 형성하고 있는 의견이 있는 것이다.

제한적인 집단 안에서 살면서 내부 의견을 공유하고 있는 사람들은 외부 의견에 관심을 지나치게 많이 쏟기도 하고 지나치게 적게 쏟기도 한다. 외부 의견에 지나치게 많은 관심을 쏟는 이유는 그들이 말과 약속으로 외부 의견에 모든 것을 양보할 준비가 되어 있는 상태에서 공개적으로 반대해봐야 아무런 소득이 없다고 판단하기 때문이다. 또 그들이 외부 의견에 관심을 지나치게 적게 쏟는 이유는 그 말과 약속이 때가 되면 거의 틀림없이 변화할 것이기에 그것들의 엄격한 의미와 정확한 결과를 분석하는 것이 똑똑한 척 구는 것처럼 비치고, 지루하고, 부적절하기 때문이다. 그들은 이 모든 것을 비평가만큼이나 잘 알고 있다. 그들의 눈에 비평가는 결코 일어나지 않을 일을 놓고 자신의 판단을 바탕으로 스스로 흥분하느라 시간과 감정을 소모하는 사람으로 비친다.

그럼에도 불구하고, 세상 앞에서 공개적으로 하는 말은 지하에서 숨을 죽이며 하는 말이나, 대단히 많은 것을 알고 있으면서도 속삭이는 선에서 그치는 사람들의 말보다 훨씬 더 큰 영향력을 발휘한다. 이 같은 사실을 잘 알고 있기에, 내부 의견은 외부 의견에 굴복하고 있는 순간에도 외부 의견보다 더 탁월하다고 느낀다.

그러나 사태를 복잡하게 만드는 요소가 한 가지 더 있다. 영국(아마 다른 곳도 마찬가지일 것이다)의 경우에 외부 의견이 두 가지라는 점이다. 신문에 표현되는 의견이 있는가 하면, 보통 사람들이 개인적으로 진실이 아닐까 하고 생각하는 의견이 있는 것이다.

이 두 가지 외부 의견은 내부 의견에 비해 서로 많이 비슷하다. 어떤 측면에서 보면 두 가지 외부 의견은 똑같다. 그럼에도 겉면을 살짝 들추기만 하면, 언론의 독단이나 확신과, 개인의 생생하지만 불명확한 믿음 사이에 중요한 차이가 있다.

1919년에도 평균적인 영국인은 전쟁 배상을 결코 진정으로 믿지 않았다고 나는 생각한다. 영국인이 언제나 전쟁 배상 문제를 회의적으로, 어느 정도의 지적 회의를 품는 가운데 받아들였기 때문이다. 그럼에도 평균적인 영국인에게 전쟁 배상 방침을 고수해도 현실적으로 손해 볼 게 전혀 없다는 생각이 들었던 것 같다.

또 당시의 감정 상태를 감안할 때, 독일의 무한 배상 가능성을 믿는 것이 현실성은 떨어지더라도 그 반대보다 훨씬 더 나았던 것 같다. 따라서 최근에 영국의 외부 의견에 변화가 일어난 것은 부분적으로만 지적인 이유 때문이며, 그보다는 외부 상황의 변화 때문이라고 할 수 있다. 왜냐하면 현재 독일에 배상을 끈질기게 요구할 경우에 현실적으로 피해를 부르게 되는 반면에 영국인의 감정은 더 이상 그때만큼 결정적이지 않기 때문이다. 그래서 평균적인 영국인은 언제나 곁눈으로만 보아왔던 논쟁에 참여할 마음의 준비를 갖추기에 이르렀다.

외국의 전문가들은 언론이 최후로 반영하게 되어 있는, 말로 표현되지 않는 이런 감정에 거의 주의를 기울이지 않는다. 내부 의견은 점점 더 넓은 집단으로 침투함으로써 대중의 감정에 점진적으로 영향을 미치고, 이 감정은 때가 되면 토론이나 상식 혹은 이기심의 영향을 받게 된다.

이 3가지 의견을 모두 다 아는 것이 현대 정치인의 중요한 과제이다. 현대 정치인은 내부 의견을 이해할 만큼 충분한 지성을, 외부 의견 중에서 내부에 속하는 의견을 탐지할 수 있을 만큼 충분한 공감 능력을, 외부 의견 중에서 외부에 속하는 의견을 표현할 수 있을 만큼 충분한 뻔뻔함을 갖춰야 한다.

이 설명이 맞든 틀리든, 지난 2년 동안에 대중의 감정에 엄청난 변화가 일어났다는 데엔 이의가 없다. 차분한 삶과 책임의 경감, 이웃들과의 편안한 관계 등에 대한 욕망이 지금 아주 크다. 전쟁이라는 과대망상이 사라지고, 모든 사람이 현실의 사실들과 조화를 이루기를 원하고 있다. 이런 이유들 때문에 베르사유 조약의 배상 조항이 붕괴되고 있다. 지금으로선 배상을 이행하는 데 따를 비참한 결과를 보게 될 가능성이 희박하다.

5장

전쟁 부채와 미국

1) 말소(1921년)

연합국이 한두 세대 동안 독일 정부에 적절한 힘을 행사할 수 있을 것이라거나, 혹은 독일 정부가 국민들에게 적절한 권위를 행사하면서 국민들의 강제 노동으로 엄청난 결실을 지속적으로 끌어낼 수 있을 것이라고 믿는 사람이 있을까? 아무도 그런 것을 진정으로 믿지 않는다. 그런 사람은 한 사람도 없을 것이다. 연합국이 독일의 배상 문제를 끝까지 밀고 나갈 가능성은 거의 없다.

현실이 그렇다면, 지난 2-3년 동안 영국이 자국의 수출 무역의 질서를 어지럽히고 산업의 균형을 깨뜨린 것은 그만한 가치가 없는 처사일 것이다. 더구나 유럽의 평화를 위험하게 할 행위는 절대로 하면 안 된다.

미국에도, 그리고 연합국이 미국에 지고 있는 부채의 강제 상환에도 이와 똑같은 원칙들이 약간만 다를 뿐 그대로 적용된다. 미국의 산업은 연합국이 부채를 상환하기 위해 생산하는 저렴한 제품과의 경쟁으로 인해 힘들어하기보다는 연합국이 미국의 수출품을 구매할 수 있는 능력의 하락으로 인해 힘들어하게 될 것이다.

연합국은 제품을 더 많이 파는 방법보다 제품을 덜 구매하는 방법으로 미국에 지급할 돈을 장만할 것이다. 그래서 미국의 농민들이 제조업자들보다 피해를 더 많이 입게 될 것이다. 다른 이유가 아니라, 연합국의 관세 때문에 수입 증대를 기대하기 어려운 반면에 줄어든 수출을 쉽게 자극할 수 있는 길도 전혀 없기 때문이다. 그러나 월스트리트와 제조업 중심인 미국 동부가 부채 상환 조건을 바꿀 준비가 되어 있는 반면에 중서부와 남부가 부채 상환 조건의 변화에 결사적으로 반대하는 것으로 전해지고 있는 것은 흥미로운 사실이 아닐 수 없다.

2년 동안 독일은 연합국에 현금을 지급할 의무가 없었으며, 그 기간에 영국의 제조업자들은 배상금 지급이 실제로 시작될 때 일어날 영향에 대해 미리 이해하려 들지 않았다. 연합국은 아직 미국에 현금을 지급할 필요가 없으며, 미국 농민들도 영국 제조업자들처럼 연합국이 부채 상환에 나설 경우에 자신들이 입게 될 피해에 대해 눈을 감고 있다.

그러나 영국은 물론이고 미국에도 결정적으로 중요한 사실은 특별한 이해관계에 미칠 피해(이런 피해는 시간이 지나면 줄어들게 되어 있다)가 아니라, 부채 상환이 짧은 기간에는 이뤄질지라도 끝까지 마무리될 가능성이 없다는 점이다. 지금 이런 말을 하는 이유는 나 자신이 유럽 연합국의 상환 능력에 의문을 품고 있을 뿐만 아니라 미국이 유럽 대륙과 무역수지의 균형을 맞추는 일에 엄청난 어려움을 겪게 될 것이기 때문이다.

미국 경제학자들은 전쟁 전의 상황과 달라진 것을 통계적으로 다소 주의 깊게 분석했다. 미국 경제학자들의 평가에 따르면, 미국은 지금 연합국의 부채에 대한 이자와 별도로 외국 투자에 따른 이자 수입으로 외국인들의 미국 내 투자에 대해 지급하는 이자보다 더 많은 돈을 챙기게 되어 있다. 그리고 미국의 상선은 미국인들이 똑같은 서비스로 외국인에게 지급하는 것보다 더 많은 수입을 외국인들로부터 올리고 있다. 미국의 상품 수출액은 수입보다 연 30억 달러 정도 더 많다. 반면에 수지 계산의 다른 측면에서 보면 관광객과 이민자들의 송금으로 주로 유럽으로 나가는 지급은 1년에 10억 달러를 넘지 않는 것으로 추산된다.

그렇다면 현재 수준으로 균형을 이루기 위해서, 미국은 나머지 세계에 이런저런 형식으로 1년에 20억 달러를 융자해 줘야 한다는 계산이 나온다. 여기에다가, 유럽 정부의 전쟁 부채에 대한 이자와 감채(減債) 기금 6억 달러 정도를 더해야 한다.

그래서 최근에 미국은 나머지 세계에, 주로 유럽에 1년에 20억 달러씩 융자하고 있었을 것이다. 유럽의 입장에서 보면 참 다행한 일인데, 이 융자 중 상당 부분이 가치가 떨어진 지폐를 투기적으로 구매하는 형식으로 이뤄졌다. 1919년부터 1921년까지, 미국 투기자들의 손실이 유럽을 먹여 살린 셈이다. 그러나 이 소득원은 결코 영원하지 않을 것이다. 한동안은 융자 정책이 현실의 요구를 충족시킬 수 있을 것이지만, 과거의 융자에 대한 이자가 쌓이게 되면 그 이자가 장기적으로 사태를 악화시킬 것이다.

상업 국가들은 언제나 외국 무역에 많은 자금을 동원해 왔다. 그러나 외국 투자는 모두가 잘 알고 있듯이 대단히 현대적이고 매우 불안정한 장치이며, 특이한 상황에서만 적절하다. 역사가 깊은 국가는 신생 국가가 자체의 자원만으로 발달을 이루지 못하는 시기에 이런 방식으로 신생 국가의 발전을 도울 수 있다. 이런 경우에 외국 투자가 서로에게 이롭고, 융자를 해 주는 국가의 입장에서는 채무국의 높은 수익을 근거로 상환을 충분히 기대할 수 있기 때문이다.

그러나 국가들의 입장을 거꾸로 뒤집는 것은 불가능하다. 만약 19세기에 유럽에서 발행된 미국 공채처럼 유럽 공채가 미국에서 발행

된다면, 그때 누렸던 효과가 나타나지 않을 것이다. 왜냐하면 전체적으로 볼 때 자연적 증가가 전혀 일어나지 않고, 원금을 상환하는 데 쓸 진정한 감채 기금도 전혀 조성되지 않기 때문이다. 이자는 새로운 융자가 가능한 한 융자받은 돈으로 지급될 것이고, 금융 구조는 토대를 가졌다는 착각을 더 이상 고집할 수 없는 상황에 이를 때까지 언제나 위로 올라가기만 할 것이다. 그러기에 미국 투자자들이 유럽 공채를 구입하길 꺼리는 것은 상식에 근거한 것이다.

1919년 말에, 나는 『평화의 경제적 결과』라는 책을 통해 미국이 유럽에 재건 융자를 해 줄 것을 요청했다. 그러나 조건이 있었다. 유럽이 자신의 집안을 잘 정리해야 한다는 조건이었다. 유럽 측에서 미국이 융자를 제대로 하지 않았다는 식의 불만이 터져나옴에도 불구하고, 지난 2년 동안 미국은 유럽에 '매우 큰 규모'의 융자를 제공했다. 주로 달러 표기 공채의 형태로 이뤄진 것은 아니지만, 내가 생각했던 것보다 훨씬 더 큰 규모였다. 이 융자에는 특별한 조건이 전혀 붙지 않았으며, 그 돈의 상당 부분은 허비되었다. 이 융자는 부분적으로 낭비되었음에도 불구하고 종전 후 결정적인 시기에 유럽을 도왔다. 그러나 융자를 지속하는 것은 기존 국제대차(貸借)의 불균형 상태에 대한 해결책이 절대로 될 수 없다.

부분적으로, 조정은 지금까지 영국과 프랑스, 그리고 (이 나라들보다 작은 규모로) 독일이 자국보다 발달이 덜 된 새로운 지역, 즉 영국령들과 남미에 자본을 공급해 오던 역할을 미국이 대신하는 것으로 이뤄질 수 있다. 유럽과 아시아에 걸쳐 있는 러시아 제국도 훗날 외국 자본의 적절한 투자처가 될 수 있는 처녀지이다. 미국 투자자들은 영국과 프랑스 투자자들이 옛날에 취했던 방식 그대로 이들 국가들에게 대출을 해줌으로써 유럽의 옛 국가들에게 직접 투자하는 것보다 더 현명하게 투자하게 될 것이다.

그러나 국제 수지 격차가 이런 식으로 해서 메워질 가능성은 크지 않다. 종국적으로, 수출과 수입의 수지에 곧 재조정이 있어야 한다. 미국은 물건을 더 많이 사고 물건을 더 적게 팔아야 한다. 이것이 미국이 유럽에 매년 선물을 안길 수 있는 유일한 선택이다. 미국의 물가가 유럽의 물가보다 더 빠른 속도로 올라야 한다(연방준비제도가 금의 유입에 따른 효과가 자연적으로 나타나도록 허용할 경우에 이런 일이 벌어진다). 물가 상승이 이뤄지지 않을 경우엔, 유럽이 구매력 하락으로 인해 구매를 필수품으로 국한시킬 때까지 유럽 화폐의 가치를 떨어뜨림으로써 그와 똑같은 효과를 끌어낼 수 있어야 한다.

미국 수출업자는 처음에 수출로 돌렸던 생산 공정을 당장 없애지 못하기 때문에 가격을 낮추는 것으로 그런 상황에 대처할 것이다. 그러나 그런 상황이 예를 들어서 한 2년 정도 생산비를 밑도는 수준에서 계속 이어진다면, 미국 수출업자는 사업을 축소하거나 접지 않을 수 없게 될 것이다.

수출을 적어도 현재 수준에서 유지하면서 동시에 관세로 수입을 제한할 경우에 균형을 이룰 수 있다는 가정은 미국에겐 아무 소용이 없다. 연합국들이 독일에게 거액의 지급을 요구하면서 실제로 하고 있는 행동을 보면 독일이 연합국에게 돈을 지급하지 못하도록 막고 있는 것처럼, 미국 행정부도 한 손으로는 수출을 장려할 계획을 마련하고 다른 한 손으로는 연합국의 부채 상환을 최대한 어렵게 할 관세를 내세우고 있다. 이렇듯 강대국들은 개인이라면 결코 용서하지 못할 그런 어리석은 짓을 종종 저지를 수 있다.

세계의 모든 금괴를 미국으로 선적하고, 미국에 하늘을 찌를 높이의 금송아지를 세움으로써, 문제를 단기간 연장하는 것은 가능하다. 그러나 미국이 금을 받기를 거부하면서도 부채 상환을 요구하는 그런 날이 올 것이다. 미국이 새로운 미다스가 되어서, 아무것도 낳지 못하는 비생산적인 금속보다 훨씬 더 유익한 것을 요구할 것이지만 이 요구가 받아들여지지 못할 것이다.

어쨌든, 재조정은 가혹할 것이며 또 중요한 이해관계에 피해를 입힐 것이다. 게다가, 미국이 연합국의 부채 상환을 강요한다면, 견디기 어려운 상황이 전개될 것이다. 그래도 미국이 연합국의 부채 상환을 끝까지 밀어붙이면서 수출 산업을 망가뜨리고 현재 수출 산업에 투입되고 있는 자본을 다른 용도로 돌린다면, 또 미국과 연합했던 유럽 국가들이 어떤 대가를 치르더라도 상환 의무를 이행하기로 결정한다면, 최종적 결과는 미국에 물질적 이득을 안겨줄 것이라는 점을 나는 부정하지 않는다.

그러나 그런 계획은 터무니없기 짝이 없다. 그런 일은 결코 일어나지 않을 것이다. 미국이 그런 정책을 끝까지 추구하지 않을 것이 너무도 분명하다. 미국은 그런 정책의 효과를 처음 경험하는 순간 정책을 포기하게 될 것이다. 미국이 그런 정책을 추진한다 하더라도, 연합국은 돈을 지급하지 못할 것이다.

상황은 독일 배상의 상황과 똑같다. 미국은 연합국의 부채를 모두 회수하지 못한다. 연합국도 마찬가지로 독일로부터 배상금을 모두 챙기지 못할 것이다. 장기적으로 보면, 어느 것도 심각한 정치 문제가 아니다. 정보에 밝은 사람들은 거의 모두 사적인 대화에서 이 점을 인정한다. 그러나 우리는 지금 언론의 논조가 정보를 바탕으로 한 의견보다는 형편없는 정보를 바탕으로 한 의견과 일치하는 경향을 보이는 그런 이상한 시대에 살고 있다. 언론의 의견이 그런 식으로 전개되는 이유는 형편없는 정보를 바탕으로 한 의견이 더 널리 퍼져 있기 때문이다. 그러다 보니 글로 하는 말과 입으로 하는 말 사이에 터무니없고 기이한 괴리가 비교적 오랫동안 존재할 수 있다.

만약에 이것이 사실이라면, 미국이 이익을 챙기지 못하고 포기할 게 뻔한 정책을 추구하면서 유럽과의 관계를 냉랭하게 만들고 2년 동안 수출 산업을 교란시키는 것은 바람직한 일이 아니다.

추상적인 진술을 즐기는 독자를 위해서, 나는 이 주장을 다음과 같이 요약한다. 국제 무역의 균형은 세계의 다양한 국가들의 농업과 산업들 사이의 복잡한 균형에 바탕을 두고 있고, 또 각국이 노동과 자본의 활용에 보이는 특화에 바탕을 두고 있다. 만약 어느 한 국가가 돈을 받지 않는 가운데 무역 균형이 허용하지 않을 만큼 많은 양의 재화를 다른 나라로 넘겨야 한다면, 균형은 당연히 깨어지게 되어 있다. 자본과 노동은 고정되어 있고 또 일부 업종에 활용되고 있어 다른 업종으로 자유롭게 흐르지 못하기 때문에, 그 같은 균형의 장애는 그때까지 고정되어 있던 자본과 노동의 효용을 파괴한다. 현재 세계의 부(富)가 크게 의존하고 있는 '조직화'가 피해를 입게 되는 것이다. 그러다 시간이 지나면, 새로운 조직화와 새로운 균형 상태가 확립될 수 있다. 그러나 만약에 이 교란의 원인이 일시적이라면, 조직화에 가해진 손상으로 입는 피해가 대가를 지급하지 않고 재화를 받는 데 따르는 이익을 능가할 것이다. 더욱이, 피해가 특별한 산업에 동원된 자본과 노동에 집중될 것이기 때문에, 전체 공동체가 입은 손해에 비해 터무니없이 심각한 항의가 일어날 것이다.

이 문제를 놓고 나와 논의했던 대부분의 미국인들은 개인적으로 유럽 국가의 부채를 소멸시키는 쪽을 지지한다는 뜻을 밝히면서도 미국인의 절대다수가 반대로 그런 제안은 현실 정치에서 논의의 대상이 될 수 없다고 생각한다는 점을 덧붙였다. 그러므로 유럽 국가가

진 부채의 탕감에 호의적인 미국인들도 그 문제에 대해 논의하는 것은 아직 시기상조라고 생각하고 있다. 지금으로선 미국은 유럽 국가들에 부채 상환을 요구하는 척해야 하고, 유럽은 그것을 갚을 뜻이 있는 척해야 한다. 정말로, 상황은 1921년 중반에 영국에서 독일 배상 문제가 처했던 입장과 아주 똑같다. 틀림없이, 나에게 정보를 제공한 사람들은 이 여론에 대해, 아마 루소(Jean-Jacques Rousseau)가 말한 그 일반 의지와 비슷한 신비한 실체에 대해 제대로 알고 있다. 그럼에도 나는 그들이 나에게 들려준 말에 큰 중요성을 부여하지 않는다. 한스 안데르센(Hans Andersen)의 작품에 나오는 벌거숭이 임금님을 보고도 멋진 옷을 입었다며 추켜세우는 것이 여론이다. 특히 미국 같은 나라에서 여론은 가끔 일순간에 바뀌기도 한다.

정말이지, 여론이란 것이 변경 불가능한 것이라면 공적인 일에 대해 논의하는 것 자체가 시간 낭비일 것이다. 그리고 여론의 현재 특징을 파악하는 것이 신문기자들과 정치인들의 주요 임무일지라도, 전문가인 저자는 그보다는 공공 여론이 어떠해야 하는가 하는 점에 관심을 기울여야 한다. 이런 상투적인 이야기를 굳이 여기서 하는 이유는 많은 미국인들이 나에게 하는 조언 때문이다. 많은 미국인들은 여론이 현재 인정하지 않을 제안을 제시하는 것은 사실 부도덕하다는 식으로 나에게 조언한다. 미국에서는 이런 행동이 아주 무분별한 것으로 여겨지기 때문에 그런 행동이 보이는 순간 저의부터 의심하고 나오면서 그 사람의 개인적 성격과 과거의 행적을 조사하려 드는 것 같다.

여기서 미국인이 유럽의 부채를 대하는 태도의 바닥에 깔려 있는 정서와 감정을 조금 더 깊이 들여다보도록 하자. 미국인들은 유럽에 관대하게 대하길 원한다. 좋은 감정에서도 그렇고, 또 많은 미국인들이 지금 유럽을 관대하게 다루는 외에 다른 길은 미국인들 자신의 경제적 균형을 깨뜨릴 위험이 있다고 의심하기 때문에도 그렇다. 그러나 미국인들은 유럽의 부채 문제와 관련해 최종적으로 "끝내기"를 원하지 않는다. 미국인들은 유럽의 늙은 냉소가들이 또 다시 자신들이 미국인들보다 한 수 위였다는 식으로 말하는 것을 듣고 싶어 하지 않는다. 시기도 나쁘고, 세금도 큰 부담이 되고 있다. 그래서 미국인들 중 많은 사람들이 자산으로 챙길 수 있는 것을 포기하는 것을 쉽게 지지할 만큼 충분히 부유하다고 느끼지 못하고 있다. 게다가, 함께 전쟁을 벌이던 국가들 사이에 이뤄질 이런 식의 해결을 미국인들은 영국인들에 비해 개인들 사이의 일상적인 상거래와 비슷한 것으로 보는 경향이 더 강하다. 그래서 유럽이 미국에 진 부채를 탕감하자는 제안은 마치 은행이 어려운 상황에 처한 고객에게 담보를 받지 않은 상태에서 돈을 빌려주었는데 나중에 이 고객이 은행에 상환을 면제해달라고 간청하는 것이나 다름없는 행위로 들린다. 그런 면제를 허용하는 것은 곧 상거래의 근본 원칙들을 깨뜨리는 것이다.

평균적인 미국인은 유럽 국가들이 돈을 들고 가엾은 눈빛으로 자신에게 다가와서 이렇게 말하길 원한다. "미국은 유럽인의 자유와 생명을 지켜준 은인이에요. 그에 대한 감사의 표시로 여기 돈을 갖고 왔어요. 슬픔에 빠진 과부와 고아들에게 세금을 물려 얻은 돈이 아니고, 미국이 우리에게 무료로 베푼 도움으로 가능해진, 군비와 군국주의, 제국, 내부 갈등 등을 해결함으로써 절약한 돈, 말하자면 승리의 아름다운 결실이에요." 그러면 평균적인 미국인은 이런 식으로 대답할 것이다. "당신의 정직을 높이 평가해요. 내가 기대했던 바도 바로 그거지요. 그러나 내가 전쟁에 참전한 것은 이익을 위해서도 아니고 나의 돈을 투자하기 위해서도 아니었어요. 나는 당신이 지금 한 말에서 보상을 확인하고 있어요. 융자를 탕감하도록 하겠어요. 고국으로 돌아가서 내가 탕감한 자원을 가난한 사람과 불행한 사람들의 생활 수준을 높이는 데 쓰도록 하세요." 미국인의 이런 대답이 그야말로 뜻밖의 놀람으로 다가와야 한다는 것이 이 사소한 장면이 말하고자 하는 바이다.

　그런데 세상의 사악함을 어찌하랴! 모두가 사랑하는 정신적 만족 같은 것은 국제 문제에 통하지 않는다. 왜냐하면 개인들만이 선하고, 국가들은 모두 존경받지 못하고, 잔인하고, 교활하기 때문이다. 그리고 유럽의 많은 나라들의 총리들이 개인 비서들이 작성해준 적절한 내용의 전보를, 다시 말해 미국의 조치는 인류 역사상 가장 중요한 순간이 될 것이며 미국인들이 가장 고귀한 존재라는 점을 입증할 것이라는 식의 전보를 치게 되는 한, 미국은 적절한 감사를 기대하지 말아야 한다.

2)밸푸어 각서(1925년)

밸푸어 각서는 영국이 독일로부터 받는 돈과 연합국으로부터 받는 돈의 총계는 영국이 미국에 지급하는 돈의 액수와 같아야 한다고 주장한다. 밸푸어 각서가 작성될 때(1922년), 그 효과는 불확실했다. 그에 따라 프랑스가 지급해야 할 돈이 얼마가 될 것인지, 또 그 돈이 독일이 프랑스에 지급할 돈에서 차지하는 비중이 어느 정도 될 것인지에 대해 우리는 알지 못했다. 지금은 프랑스가 지급할 돈과 독일이 프랑스에 지급할 돈을 대략적으로 추산할 수 있다.

영국은 미국에 연 3,500만 파운드를 지급해야 한다. 액수가 4,000만 파운드까지 높아질 수 있다. 도스 안(Dawes Scheme: 미국 재무장관이던 찰스 도스(Charles Dawes)가 주도하는 영국과 미국의 재정 전문가 위원회가 베르사유 조약에서 결정한 독일의 배상금 문제와 관련해 작성한 계획을 말한다/옮긴이)은 완전히 작동할 경우에 우선권이 주어진 다양한 청구액을 제하고 연 1억 파운드를 만들게 될 것이다. 이 중에서 프랑스의 몫은 5,400만 파운드가 될 것이고, 이탈리아의 몫이 1,000만 파운드(처음에는 이보다 적다), 다른 나라들의 몫이 2,400만 파운드가 될 것이다. (나는 연합국 중 비중이 떨어지는 나라는 계산에서 무시할 것이다. 결과에는 거의 아무런 영향을 미치지 않으면서 계산만 복잡하게 만들기 때문이다.) 따라서 밸푸어 각서는 프랑스와 이탈리아가 영국에 일년에 1,600만 파운드를 지급할 것을 요구하고 있다. 이 두 강대국이 영국과 미국에 각각 지고 있는 부채의 총합이 거의 같기 때문에(이탈리아의 전체 부채에서 영국이 차지하는 비중은 미국보다 크고, 프랑스의 전체 부채에서 영국이 차지하는 비중은 미국보다 작다), 미국은 영국이 받는 금액보다 적은 액수에 만족하지 않을 게 틀림없다. 만약 이탈리아가 독일의 배상액 중에서 받을 몫 전부를 부채 상환에 쓴다면, 프랑스가 지급할 돈은 2,200만 파운드가 될 것이다. 이렇게 될 경우에 부채 상환과 도스 안의 최종 결과는 독일에서 받는 돈을 다음과 같이 분배하는 것으로 나타날 것이다.

영국	무
이탈리아	무
프랑스	3,200만 파운드
미국	5,800만 파운드

실현 가능성이 매우 낮은 것도 말로는 쉽게 할 수 있는 법이다. 이런 일이 일어날 것이라고 믿는 사람이 있는가?

그러나 밸푸어 각서에 대한 나의 비판의 핵심은 아직 건드리지 않았다. 앞에 제시한 것은 도스 안이 완벽하게 성공을 거둘 때에나 일어날 수 있는 일이다. 만약 도스 안이 부분적으로만 성공한다면, 밸푸어 각서에 따르면 프랑스는 그 차액을 영국과 미국에 지급해야 한다. 예를 들어 보자. 만약 도스 안이 최고 금액의 반만 끌어낸다면, 많은 사람들의 의견엔 이것도 상당한 성취로 여겨질 것인데, 프랑스는 거의 아무것도 챙기지 못할 것이며 독일이 지급하는 전체 금액보다 더 많은 돈이 미국으로 갈 것이다. 만약 도스 안이 아주 잘 돌아간다면, 프랑스는 사실 도스 안의 세 번째 몫을 요구할 수 있게 될 것이고, 만약 도스 안이 형편없이 작동한다면, 프랑스는 독일의 보증인이 될 것이다. 이런 일이 현실에서 일어날 것이라고 생각하는 사람은 대단히 어리석은 사람이 아닐까?

프랑스는 그런 해결책에 절대로 응하지 않을 것이다. 그러나 불가능한 일이지만 프랑스가 응한다고 가정해 보자. 그런 경우에도 영국과 미국은 이론적으로 도스 안의 작동으로 인해 추가로 이익을 볼 게 하나도 없다. 프랑스만 유일하게 관심을 갖는 당사국이 된다. 프랑스는 채권국으로서만 아니라 차액을 보충해줘야 하는 국가로서도 관심을 갖지 않을 수가 없는 것이다.

이 같은 치명적인 결점이 밸푸어 각서 안에 들어 있다. 독일이 적게 지급할수록, 프랑스가 더 많이 지급하게 된다는 것이 밸푸어 각서의 핵심이다. 말하자면 프랑스는 돈을 지급할 능력이 떨어질수록 더 많은 돈을 지급하게 되어 있는 것이다. 외교적으로나 재정적으로나, 이것은 뒤죽박죽 엉망이다. 밸푸어 각서는 영국에 현금을 한 푼도 안겨주지 않을 것이다. 그러면서도 밸푸어 각서는 프랑스와 독일의 중재자로서 영국의 외교적 권위를 해칠 것이다. 영국 외무부는 재무부가 절대로 입을 대지 않을 잡동사니 수프를 위해 영향력을 팔아넘기게 될 것이다.

그러므로 밸푸어 각서는 원칙적으로 나쁘다. 밸푸어 각서가 제시한 원칙과 정반대의 원칙, 말하자면 독일이 적게 지급하면 그만큼 프랑스도 적게 지급한다는 원칙이 아니고는 현실적으로 어떠한 해결책도 가능하지 않다. 프랑스가 지급하는 액수는 독일이 지급하는 액수와 반대 방향으로 달라지는 것이 아니라 같은 방향으로 달라져야 한다. 이것이 바로 내가 최근에 제시한 제안의 원칙이었다.

이 원칙에 따르면, 프랑스의 지급액은 프랑스가 독일로부터 받는 액수와 비례해야 한다. 현재의 보도에 따르면, 프랑스가 클레망텔(Clémentel)의 입을 통해서 이 원칙을 제안했다. 나는 그 비율이 1대 3이 되어야 한다고 제안했다. 미국이 똑같은 조건을 받아들인다는 전제 하에서 클레망텔이 제시한 것으로 전해진 제안은 내가 제시한 숫자의 반 정도이다. 그러나 클레망텔이 이 노선에서 해결책을 찾기 위해 더 많은 것을 내놓을 것 같지는 않다.

그런 식의 해결책은 도스 안에 담긴 영국과 미국의 이익을 낮추지 않고 오히려 더 높일 것이다. 우리끼리 하는 말이지만, 영국은 프랑스보다 더 큰 이익을 챙겨야 한다. 이런 식으로, 영국은 프랑스로부터 받을 돈을 바탕으로 자국이 미국에 진 부채를 어느 정도 낮출 수 있을 것이다. 영국은 아직 해결되지 않고 있는 프랑스-독일 문제의 평화로운 해결에 차분히 영향력을 행사하기 위해 도덕적으로나 외교적으로 확고한 입장을 견지해야 한다.

3) 탕감(1928년)

전쟁 부채의 기원을 떠올려보자. 전쟁이 시작된 직후, 연합국 중 일부 국가들, 구체적으로 러시아와 벨기에가 재정적 지원을 필요로 한다는 사실이 분명해졌다. 그러나 조금 지나자 연합국 모두가 재정적 지원을 필요로 했다. 영국은 융자나 보조금 형식으로 연합국의 재정을 지원할 수 있었을 것이다. 융자가 보조금보다 더 선호되었다. 지출에 있어서 책임감과 절약을 더 강하게 느끼도록 하기 위해서였다. 그러나 재정 지원이 융자 형식으로 이뤄졌다 하더라도, 돈을 빌려주는 국가들이 당시에 융자를 일반적인 투자의 성격으로 여기지 않은 것이 거의 확실하다. 정말이지, 당시에 융자를 그런 식으로 보는 것은 매우 비논리적이었을 것이다. 왜냐하면 영국이 병사나 선박으로 지원할 수 없었던 까닭에 돈으로 종종 지원했기 때문이다.

예를 들어 보자. 영국이 심각한 패배를 처음 겪은 이탈리아를 돕기 위해 무기를 보냈을 때, 이탈리아는 융자로 지급해야 했다. 그러나 사태가 더욱 심각해짐에 따라 영국이 소총뿐만 아니라 소총을 다룰 병사까지 보내 희생당하는 일이 벌어졌을 때, 영국은 이탈리아에 아무것도 청구하지 않았다. 그럼에도 전자의 경우엔 이탈리아의 기여가 더 컸고, 후자의 경우엔 영국의 기여가 더 컸다.

구체적으로 미국은 참전을 선언하고 나서도 한 동안은 주로 재정적으로 전쟁에 기여했다. 미국이 다른 길로 도울 준비가 아직 되어 있지 않았기 때문이다. 미국이 연합국 군인들이 사용할 물자와 군수품을 보내는 경우에, 미국은 그 물자에 대해 영국에 청구했다. 바로 이 청구가 영국이 지금 미국에 지고 있는 부채의 기원이다. 그러나 훗날 미국이 군수품을 쓸 병력까지 보냈을 때, 영국은 미국으로부터 어떤 청구도 받지 않았다.

영국이 미국에 부채를 지게 만든 시스템은 분명히 그다지 논리적이지 못하다. 그 부채는 미국이 영국에 많은 도움을 줄 수 있었기 때문에 생긴 것이 아니라, 미국이 적어도 병력에 관한 한 우리를 도울 것이 별로 없었기 때문에 생긴 것이었다.

그렇다고 미국이 영국에 제공한 재정적 도움이 영국에 큰 도움이 되지 않았다는 뜻은 아니다. 미국이 전쟁에 참전할 때까지, 영국이 대출자로서 가진 자원은 그야말로 바닥을 드러낸 상태였다. 당시에 영국은 자국의 재정을 감당할 수는 있었으나 연합국은 더 이상 지원할 수 없는 처지였다. 그러므로 미국의 재정적 지원은 대단히 소중했다.

미국은 전쟁에 가담하는 순간부터 영국뿐만 아니라 영국의 동맹국들에게까지 미국 내에서 지출할 돈을 융자해주었다. 그러나 미국은 영국과 영국의 동맹국들이 미국 밖에서 쓰는 지출에 대해서까지 융자해줄 준비는 되어 있지 않았다. 그래서 그런 지출에 대해선 영국이 연합국에 융자를 제공하지 않을 수 없었다. 그 결과, 미국이 전쟁에 참전한 뒤로 영국은 자국이 빌린 돈과 거의 맞먹는 돈을 동맹국들에게 빌려줘야 했다.

구체적으로 보면, 미국이 참전한 뒤에 영국은 미국으로부터 8억 5,000만 파운드를 빌리는 한편, 같은 기간에 연합국에 7억5,000만 파운드를 빌려주었다. 그렇기 때문에 미국이 영국에 빌려준 융자는 영국을 위한 것이기보다는 영국의 동맹국들에게 재정을 지원하는 것이었다는 말도 맞는 말이다. 미국인들은 언제나 이 점을 부정하고 있지만, 깊이 따지고 들면 그렇다.

그 결과, 전쟁이 끝났을 때, 영국은 동맹국에 약 16억 파운드를 빌려준 반면에 미국에 8억5,000만 파운드의 부채를 지게 되었다.

전쟁 이후로, 이 금액을 놓고 상거래와 같은 투자로 보아야 하는가, 아니면 그런 채권 채무 관계가 일어난 상황과 기원을 고려해야 하는가 하는 문제를 놓고 논쟁이 줄기차게 벌어졌다. 그것이 상거래로 이뤄진 것이 아니기 때문에 그런 것으로 다뤄서는 곤란하다는 것이 영국의 입장이다. 한편, 그것을 액면 그대로, 말하자면 채무자의 상환 능력을 고려해 이뤄진 채권으로 봐야 한다는 것이 미국의 입장이다.

평화회의 동안에, 영국 정부는 연합국의 전쟁 부채는 완전히 탕감되어야 한다고 주장했다. 로이드 조지는 1920년 8월에 윌슨 대통령을 만나 이 문제를 다시 제기했다. 최종적으로 1922년 8월에 밸푸어 경이 쓴 유명한 각서에서, 앞에서 살핀 영국의 관점이 제시되었다. 이 각서에서 영국 정부는 미국이 영국에 대한 채권을 포기하면 동맹국들이 영국에 지고 있는 부채를 모두 탕감하고 독일의 배상에 대한 영국의 몫도 다른 동맹국들을 위해 포기할 뜻을 선언했다. 그러면 영국은 서류상으로 자국이 받을 돈의 배 이상을 포기하게 될 것이다. 이 제안은 지금도 여전히 유효하다.

이 정책은 미국에 받아들여지지 않았으며, 그래서 각 국가들 사이에 별도로 해결안이 순서대로 마련되었다. 미국과 영국 사이에 이뤄진 합의는 영국이 미국에 진 전체 부채에 대해 연 3.3%의 이자를 문다는 것이 골자였다. 미국과 프랑스 사이의 합의는 1.6%의 이자를 받는 것으로, 미국과 이탈리아 사이의 합의는 0.4%의 이자를 받는 것으로 이뤄졌다. 따라서 미국과 영국 사이의 합의로 인한 이자 부담은 미국과 프랑스의 협상보다 2배, 미국과 이탈리아의 협상보다 무려 8배나 더 컸다. 영국도 프랑스와 이탈리아와 협상을 벌여 두 국가의 이자 부담을 영국이 미국에 진 이자 부담보다 더 낮춰줬다. 영국은 프랑스의 이자 부담을 자국이 미국에 진 부담보다 10%, 이탈리아의 이자 부담을 33% 정도 낮춰주었다. 따라서 다른 동맹국들의 부담은 크게 준 반면, 영국은 자국이 진 부채 전부를 상환하는 의무를 지게 되었다. 이자율이 3.3%로 적절한 수준으로 결정되었다는 이점밖에 누리지 못했다.

이 같은 해결의 결과, 영국은 미국에 1933년까지 매년 3,300만 파운드씩, 그 이후로 부채가 모두 청산되는 1984년까지 매년 거의 3,800만 파운드씩 지급해야 할 것이다. 이 부담이 현실적으로 얼마나 큰지는 스탠리 볼드윈(Stanley Baldwin)이 미국과 벌인 협상의 디테일이 처음 공개된 1923년 여름에 내가 제시한 예에서 실감나게 드러난다.

영국은 60년 동안 해마다 미국에 영국 해군을 유지하는 비용의 3분의 2에 해당하는 금액을 지불해야 할 것이다. 이는 영국이 교육에 지출하는 비용과 거의 맞먹으며, 전쟁 전의 부채를 초과하는 금액이다.

또 다른 관점에서 보면, 이 금액은 영국 탄광들과 전체 상선이 벌어들이는 수익을 모두 합한 것보다도 더 많다. 그 만한 돈이라면, 60년 동안 매달 새로운 대학과 새로운 병원, 새로운 연구소를 하나씩 지을 수 있다. 또 60년 동안 지금 부적절한 환경에서 살고 있는 인구의 반 정도에 안락한 주택을 새로 지어줄 수 있다.

한편, 영국은 동맹국들과 독일로부터 자국이 미국에 지급할 돈을 보충할 중요한 몫을 받고 있다. 여기서 대차대조표를 작성해보는 것도 흥미로울 것이다.

1928년에 영국은 동맹국들로부터 1,280만 파운드를 받고 미국에 3,320만 파운드를 지급할 것이다. 1933년까지 이 수치는 각각 1,770만 파운드와 3,780만 파운드로 올라갈 것이다. 따라서 독일 배상금에서 받는 몫을 별도로 본다면, 영국은 전쟁 부채와 관련해서 매년 받는 금액보다 2,000만 파운드를 더 지급하게 될 것이다. 지금 만약에 도스 안이 정한 금액이 독일에 의해 전액 지급된다면, 영국은 "대차(貸借)가 똑같은" 상황이 될 것이다. 왜냐하면 독일의 정상적인 연 지급금이 최고에 이를 때 1억1,700만 파운드이고, 그 중에서 영국의 몫이 2,200만 파운드가 될 것이기 때문이다. 윈스턴 처칠(Winston Churchill)은 1928-1929 회계연도에 영국이 상환할 금액은 3,284만5,000 파운드이고 받을 금액은 거의 3,200만 파운드라고 추산했다.

이 상환이 100% 예정대로 이뤄질 것 같지 않다. 그러나 상환이 우선은 약속대로 실행된다고 가정하면, 상황을 요약하는 것이 가능해진다. 독일이 배상금을 예상대로 지급한다면, 각 연합국은 독일로부터 받은 돈으로 미국에 지급할 수 있을 것이다. 기존의 합의에 따라 연합국이 미국에 상환해야 하는 부채가 최고액에 달할 때, 그 금액은 연 8,300만 파운드(전체 상환 기간 동안 매년 지급할 액수의 평균은 6,100만 파운드이다)가 될 것이다. 여기에다가 독일 배상액 중 미국이 직접 받는 몫까지 더하면, 미국은 연합국이 독일로부터 받는 1억 1,700만 파운드 중에서 67%인 7,800만 파운드를 매년 받게 될 것이다. 여기에 독일의 배상과 별도로, 이탈리아로부터 받는 1,000만 파운드를 더해야 한다. 어떤 경우든, 영국은 대차대조표 상으로 아무것도 받지 않을 것이다.

앞의 내용을 근거로, 도스 안에 따라 독일이 해마다 배상해야 하는 최고 액수를 3분의 1 줄인다면, 많은 사람의 의견엔 그럴 가능성이 큰 것으로 여겨지는데, 연합국이 미국에 지급해야 하는 금액이 최고액에 달할 때까지 미국만 유일한 수혜자가 될 것이다. 그럴 경우에, 전쟁 부채를 해결하려는 노력의 최종 결과는 미국만 매년 독일로부터 7,800만 파운드를 챙기고 다른 나라는 아무것도 얻지 못하는 것으로 나타날 것이다.

이런 식으로 계산을 제시하는 이유는 너무도 분명하다. 연합국의 마음엔 독일의 배상 부담을 추가로 경감해주는 문제는 연합국이 미국에 지고 부채 문제와 밀접히 연결되어 있는 것으로 다가온다는 점을 분명하게 보여주기 위해서이다. 독일의 전쟁 배상과 연합국이 미국에 지고 있는 부채 사이엔 어떠한 연결도 없다는 미국의 공식적인 태도는 매우 얄팍한 주장에 지나지 않는다.

도스 안을 재조정하는 것은 미국이 어떤 식으로든 당사자가 되어야 할 문제이다. 그러나 여기서 미국의 양보는 전적으로 독일과 유럽의 연합국, 그리고 대차대조표를 따지면 받을 게 하나도 없다는 입장을 고수하는 영국의 부담을 덜어주게 될 것이라는 점을 덧붙이고 싶다.

독일이 배상을 위해 지급하는 것 중에서 전부 혹은 거의 전부가 전쟁 피해를 복구하는 데 쓰이지 않고 미국이 공동 투쟁에서 맡은 재정적 역할에 대한 부채를 상환하는 데 쓰인다면, 많은 사람들은 이것이 인류의 감정이 용인할 수 있는 결과가 아니라고 느끼거나 미국인들이 전쟁에 참전하기로 결정하거나 참전한 후에 공언한 명분과도 일치하지 않는다고 느낄 것이다. 대중이 아무리 예리하게 느끼고 있을지라도, 그것은 권위 있는 영국인이 공식적으로 말하고 나서기 어려운 민감한 문제이다. 분명히, 영국은 지불하기로 한 약속을 이행해야 하며, 어떠한 제안이라도 나온다면 그것은 어디까지나 미국에서 나와야 한다.

전쟁 동안에 영국 재무성에서 일할 때 연합국이나 미국과 영국 사이에 있었던 재정적 합의를 공식적으로 입안하는 역할이 나에게 주어졌다. 바로 그 합의에서 이 같은 상황이 비롯되었다. 나는 당시에 이뤄진 재정적 합의의 성격을 지배했던 명분과 동기들을 아주 잘 알고 있다. 그 시절의 기억에 비춰보면서, 나는 시간이 어느 정도 흘러 미국의 시대가 열리면 미국인들이 영국인들에게 자국이 아직 최종 결론을 밝히지 않았다고 말할 것이라는 희망을 계속 품을 것이다.

인플레이션과
디플레이션

1장

인플레이션

1919년

자본주의 체제를 파괴하는 최고의 방법은 화폐 제도를 무너뜨리는 것이라고 레닌(Vladimir Lenin: 1870-1924)이 역설한 것으로 전해진다. 정부는 지속적인 인플레이션을 통해서 시민들의 부(富) 중 상당 부분을 은밀히 몰수할 수 있다.

이 방법을 빌리면 정부는 그냥 몰수하는 것이 아니라 '제멋대로' 몰수할 수 있다. 그 과정은 많은 사람들을 더 가난하게 만드는 한편으로 일부 사람들을 더 부유하게 만든다.

이런 식으로 정부가 부를 독단적으로 다시 조정하는 것이 대중에게 알려지면 기존의 부의 분배 방식은 신뢰를 잃게 된다. 그런 체제로 인해 정당한 수준 이상으로, 심지어 자신의 기대나 욕망 그 이상으로 횡재를 얻게 된 사람들은 악덕업자라 불리게 된다.

이들은 프롤레타리아뿐만 아니라 인플레이션 정책 때문에 더 가난하게 된 부르주아지(중산층)의 미움까지 산다. 인플레이션이 진행됨에 따라 실질 화폐 가치가 매달 크게 변동하면 자본주의의 토대를 이루는 채무자들과 채권자들의 관계가 완전히 깨어지면서 거의 무의미하게 되어버릴 것이다. 그러면 부를 일구는 과정이 도박과 복권으로 타락하고 만다.

레닌의 말이 분명 옳았다. 사회의 기초를 엎어버리는 수단으로 화폐 제도를 망쳐놓는 것보다 더 확실한 것은 없다. 화폐 제도를 망가뜨리면 경제 법칙의 숨은 요인들이 한꺼번에 파괴를 촉진하고 나서게 된다. 그럴 경우에 파괴는 어느 누구도 예측하지 못한 방향으로 진행될 것이다.

전쟁 막바지에 이르러 참전국 정부 모두는 필요에 의해서가 아니라 무능 때문에, 공산주의자였다면 자본주의 체제를 무너뜨리기 위해 꾸몄을 법한 음모나 다름없는 조치를 단행했다. 전쟁이 끝난 지금도 참전국 정부들 대부분이 무능한 탓에 똑같은 과오를 계속 저지르고 있다.

그런데 유럽의 정부들은 거기서 한 걸음 더 나아가, 자신들의 부도덕한 조치에서 비롯된 게 틀림없는 결과에 대해 시민들이 분노를 표현하고 있는데도 그 분노를 '악덕업자들'의 탓으로 돌리려고 애를 쓰고 있다.

대체로 말해, 악덕업자들은 기업가 계층, 즉 자본주의 사회에서 적극적이고 건설적인 활동을 하는 부류이며, 물가가 급속도로 올라가는 시기에는 자신들의 뜻과 상관없이 벼락부자가 될 수밖에 없는 사람들이다. 물가가 끊임없이 올라간다면, 비축을 위해 물건을 구입한 상인이나 부동산과 시설을 소유한 사람은 이익을 챙기지 않을 수가 없다.

그런데도 유럽의 정부들은 대중의 혐오를 이 계층으로 돌림으로써 교활한 레닌이 노렸던 그 치명적인 과정을 한층 더 악화시키고 있다.

악덕업자들은 물가 인상의 결과이지 물가 인상의 원인은 절대로 아니다. 인플레이션의 결과로 불가피하게 부의 균형이 깨어지면서 사회의 안전이 타격을 입게 된 현실과 기업가 계급에 대한 대중의 혐오를 결합시킴으로써, 그런 정부들은 19세기의 사회적 및 경제적 질서가 지속되는 것을 불가능하게 만들고 있다. 그러면서도 그런 정부들은 그 질서를 대체할 비전을 전혀 갖고 있지 않다.

2장

화폐 가치의 변화가
사회에 미치는 영향

1923년

돈은 무엇인가를 획득할 수 있는 힘을 가졌기 때문에 중요할 뿐이다. 그러기에 모든 거래에 똑같이 영향을 미치는 화폐 단위의 변화는 전혀 중요하지 않다. 만약에 어떤 사람이 기존의 가치 기준에 일어난 변화 때문에 자신의 권리나 노력의 대가로 그 전보다 배 많이 받거나 소유하게 된 한편으로 모든 구매품이나 활동에 똑같이 배 많은 돈을 지급해야 한다면, 그 사람은 가치 기준의 변화에 따른 영향을 전혀 받지 않을 것이다.

그러므로 돈의 가치, 즉 물가의 변화는 그에 따른 부담이 불공평하게 작용할 때에만 사회에 중요해진다. 그런 변화는 과거와 마찬가지로 지금도 사회적으로 엄청난 영향력을 발휘한다. 우리가 잘 아는 대로, 돈의 가치가 변할 때 그 가치가 모든 사람 또는 모든 목적을 똑같이 바꿔놓지 않기 때문이다. 어떤 사람이 주고 받는 것이 똑같은 비율로 바뀔 수는 없는 법이다. 그렇기 때문에 물가와 보수에 나타난 변화는 일반적으로 계층에 따라 서로 다르게 영향을 미치며, 이 사람에서 저 사람으로 부를 이전시키기도 하고, 이곳에는 풍요를 안겨주고 저곳에는 낭패를 안겨주며, 운명의 여신의 총애를 받는 대상을 바꿈으로써 인간들의 계획을 좌절시키고 기대를 저버리기도 한다.

1914년 이래로 돈의 가치에 나타난 변화의 폭은 실로 엄청나다. 현대 경제사에서 가장 중요한 사건 중 하나로 꼽힐 정도이다. 화폐 제도의 가치 기준인 본위(本位)의 변동이 금이나 은, 종이 중 어느 것을 기준으로 하든 사상 유례없는 폭을 보였다. 경제 조직들이 가치 기준이 상당히 안정적일 것이라는 전제를 어느 때보다 더 강하게 믿고 있는 사회에서도 그런 현상이 예외없이 일어났다.

나폴레옹 전쟁과 그 직후에 영국의 물가는 극단적일 만큼 불안정했을 때 1년에 최고 22%의 변동을 보이기도 했다. 물가가 최고 수준에 이른 것은 19세기의 첫 25년이었으며, 이때는 13년의 간격을 두고 물가가 거의 배에 이르기도 했다. 이 시기를 우리는 영국 통화의 역사에서 가장 혼란스런 기간이라고 부른다.

이 수치와 지난 9년 동안의 독특한 변동을 한 번 비교해 보자.

1914년부터 1920년까지, 모든 국가는 구매할 물건들의 공급에 비해 지급할 통화의 공급이 확대되는 것을 경험했다. 소위 인플레이션을 겪은 것이다. 1920년 이후로, 재정 상황에 대한 통제권을 다시 잡은 국가들은 인플레이션에 종지부를 찍는 데서 만족하지 않고 통화 공급을 축소시키다가 디플레이션이라는 쓴맛을 보았다. 일부 국가들은 인플레이션 과정을 그 전보다 더 요란하게 밟았다.

인플레이션이든 디플레이션이든, 그 과정은 똑같이 엄청난 상처를 남겼다. 각 과정은 계층 간 부의 '분배'를 바꿔놓았다. 부의 분배라는 측면에서 보면, 인플레이션이 더 나빴다. 각 과정은 또 부의 '생산'을 지나치게 자극하거나 지연시키는 결과를 낳았다. 이 측면에서 보면, 디플레이션이 더 해로웠다.

따라서 주제를 구분해서 접근하는 것이 훨씬 더 편리할 수 있다. 우선 돈의 가치에 일어난 변화가 부의 분배에 어떤 영향을 미치는지를 살펴볼 것이다. 여기서는 당연히 인플레이션에 관심을 더 많이 쏟게 된다. 그 다음에는 돈의 가치에 일어난 변화가 부의 생산에 어떤 식으로 영향을 미치는지를 살필 것이다. 여기서는 디플레이션에 관심을 더 많이 쏟게 된다.

1) 부의 분배에 영향을 미치는 요소로서, 화폐 가치에 일어나는 변화

투자자 계층

화폐의 다양한 목적들 중에서 일부는 기본적으로 화폐의 실질 가치가 오랜 기간에 걸쳐 거의 일정하다는 것을 전제로 하고 있다. 이런 목적들 중에서 가장 중요한 것이 바로 넓은 의미에서 '돈의 투자'를 위한 계약과 관련된 사항이다. 그런 계약, 즉 상당히 오랫동안 고정액을 지급할 것을 약속하는 계약이 우리가 재산 제도와 구분되는 것으로서 '투자 제도'라고 부르는 제도의 특징으로 꼽힌다.

19세기에 전개된 바와 같이, 이 단계의 자본주의에서 재산의 관리를 소유로부터 분리시키기 위한 장치들이 많이 고안되었다. 이 장치들은 3가지 유형을 보였다.

첫 번째 유형은 소유자가 자신의 재산에 대한 관리권을 내놓는 한편으로 소유권은 계속 유지하는 방식이었다. 즉, 토지와 건물, 기계류 등에 대한 소유권은 소유자가 계속 갖되 그것을 운용하는 권리는 다른 사람이 갖는 방식이다. 주식회사의 보통주를 소유하는 것이 이런 유형의 전형이랄 수 있다.

두 번째 유형은 소유자가 부동산을 일시적으로 내놓고는 그 기간에 매년 고정액의 '돈'을 받다가 나중에 재산을 되찾는 것이다. 리스

(임대차)가 전형적인 형태이다.

세 번째 유형은 소유자가 자신의 재산과 영원히 결별하고, 그 대가로 확정 연금을 영구히 돈으로 받거나 일정 기간 연금을 받다가 계약이 끝나는 시점에 돈으로 원금을 돌려받는 방식이다. 모기지와 공채, 회사채, 우선주 등이 전형적인 형태이다. 세 번째 유형이 성숙된 '투자'의 단계를 보여준다.

돈을 빌려주고 빌리는 관행이 이어지는 한, 미래의 어느 날(그 날짜에 일어날지도 모르는 화폐의 실질 가치의 변화에 관한 조항을 넣지 않은 가운데) 정해진 금액을 받겠다는 계약은 틀림없이 존재한다. 그런 계약은 리스와 모기지, 그리고 정부나 동인도회사와 같은 몇 개의 사설 단체에 대한 영구한 융자의 형태로 이미 18세기에도 자주 행해지고 있었다. 그러나 19세기 동안에 그 같은 계약은 더욱 중요하게 되었으며, 20세기 초에는 이해관계에 따라 유산계급이 두 집단, 즉 '기업가'와 '투자자'로 나뉘기에 이르렀다.

실제 개인들 사이에 이 구분은 그다지 뚜렷하지 않았다. 이유는 기업가가 투자자가 될 수도 있고, 투자자도 보통주를 소유할 수 있었기 때문이다. 그럼에도 그런 구분은 엄연히 존재했으며, 눈에 뚜렷이 띄지 않는다고 해서 그 구분이 중요하지 않은 것은 절대로 아니다.

바로 이런 제도를 통해 기업가 계층은 기업에 자신이 소유한 부만 아니라 전체 공동체의 저축까지 끌어들일 수 있었다. 반면에 전문가 계층과 재산을 가진 계층은 자신들이 가진 재원을 사용할 곳을 찾을 수 있었다. 거기엔 그들 자신이 곤경에 처할 일도 거의 일어나지 않고, 책임도 지지 않아도 되고, 심지어 위험조차 적은 것으로 여겨졌다.

100년 동안 그 제도는 유럽 전역에서 제대로 돌아갔다. 사상 유례가 없을 정도로 부의 성장을 이루면서 탁월한 성공을 보였다. 이제는 저축을 하고 투자를 하는 것이 어느 계층의 의무이자 기쁨이 되었다. 그렇게 모은 저축을 인출하는 경우는 드물었으며, 그것이 복리로 축적되어 오늘날 우리가 당연한 것으로 여기는 물질적 성공을 가능하게 만들었다.

그 시대의 도덕과 정치, 문학과 종교는 저축 장려라는 숭고한 음모를 위해 한목소리를 내고 있었다. 하느님과 탐욕의 신인 마몬이 화해하기에 이른 것이다. 이승에서 재산이 많은 사람들에게 평화가 내려졌다. 결국엔 부자도 저축만 하면 하느님의 왕국으로 들어갈 수 있었다. 천상에서 새로운 노래가 들려왔다. 천사들이 "자기 이익만을 생각하는 인간들이 현명하고 인정 많은 하느님의 뜻을 받들어 공공에 이바지하는 모습을 지켜보게 되다니 정말로 신기하구나."라고 노래했다.

이런 분위기는 확대일로에 있던 사업들이 요구하는 것과 늘어나기만 하는 인구가 필요로 하는 것을 충족시키면서 '안락하게 사는 비(非)기업가 계층'의 성장을 낳았다. 그러나 사회 전반이 편의와 진보의 즐거움을 누리는 가운데, 그 제도가 화폐의 안정성에 크게 의존하고 있다는 사실이 간과되었다. 그리고 이 문제는 저절로 해결되는 경향을 보일 것이라는 확신이 분명히 느껴졌다.

투자가 크게 확대되고 증식되었다. 급기야는 세계의 중산층에게 테두리에 금박 장식을 한 채권이 가장 영구하고 가장 안전한 것으로 통하기에 이르렀다. 그리하여 오늘날 화폐 계약의 안정성과 그 안정성에 대한 믿음이 너무나 확고해지기에 이르렀다. 그 결과 영국 법에 따라서 신탁 기금의 수탁자들은 기금을 그런 거래에만 집중하려는 경향을 보였으며, 부동산을 제외하고는 다른 용도에 신탁 기금을 투자하는 것이 금지되다시피 되었다.

이런 측면에서만 아니라 다른 측면에서도 19세기는 그 시대만의 행복한 경험이 미래에도 영원히 지속될 것이라는 믿음에 크게 의존하면서 과거의 불행이 비추는 경고등을 무시했다. 19세기는 화폐가 세월이 많이 흘러도 일정량의 특정 금속으로 평가될 수 있다는 것을 뒷받침하는 역사적 증거가 전혀 없다는 사실을 망각하는 쪽을 택했다. 또한 19세기는 화폐의 구매력이 일정하다는 역사적 증거는 더더욱 없다는 사실까지 잊기로 했다.

그럼에도 화폐는 국가가 화폐 계약을 합법적으로 이행하는 수단으로 선언하는 그런 수단에 지나지 않는다. 영국의 경우 금을 본위로 하지 않은 역사가 1914년에 이미 1세기를 헤아렸다. 다른 국가들도 금이 유일한 본위의 역할을 하지 않은지가 반세기가 된다.

오랫동안 치러진 전쟁이나 사회적 격변 중에서 화폐 제도에 변화를 수반하지 않은 것은 하나도 없다. 또 역사가 있는 나라들을 두루 살펴보면 경제적 기록이 남은 초창기부터 화폐의 실질가치가 꾸준히 떨어지지 않은 예는 절대로 없다.

더욱이 역사를 내려오면서 화폐의 실질가치가 점진적으로 떨어지는 현상은 결코 우연이 아니며, 그 같은 현상 뒤에는 2가지 큰 원인이 작용하고 있다. 정부의 빈곤과 채무자 계층의 막강한 정치적 영향력이 그 요인들이다.

통화 가치 하락을 통한 과세권은 고대 로마가 그 아이디어를 발견한 이래로 언제나 국가의 권력으로 남아 있다. 법정 통화의 창조는 정부의 종국적 준비금의 역할을 해왔으며 지금도 마찬가지이다. 이 도구를 사용할 수 있는 한, 어떤 나라나 정부도 스스로 파산이나 몰락을 선언하지 않을 것이다.

앞으로 살피게 되겠지만, 통화 가치가 떨어지는 데 따르는 이익은 정부에만 국한되지 않는다. 농민과 채무자를 비롯하여 고정액을 지불할 의무를 진 사람들 모두가 이익을 나눠 누릴 것이다. 오늘날 기업가들이 그런 것처럼, 옛날에는 이 계층들이 경제 조직에서 활동적이고 건설적인 요소를 이루었다. 그렇기 때문에 과거에 화폐 가치를 떨어뜨린 세속적 변화가 새로운 사람들을 도우면서 그들을 과거의 속박으로부터 풀어주었다. 그런 변화들이 예전의 부를 희생시키는 대신에 새로운 부를 일구게 하고, 축적을 어렵게 만들었기 때문이다. 가치가 떨어지는 화폐의 속성이 옛날에 복리와 재산 상속이 낳는 축적의 결과를 상쇄시키는 평형추의 역할을 해 주었다. 화폐의 그런 특성은 과거에 일군 부의 엄격한 분배를 약화시키고 소유와 활동의 분리를 약화시키는 요소로 작용했다. 통화 가치의 하락에 의해, 각 세대는 선조들의 유산 일부를 떼이는 꼴이 되었으며, 영구한 재산을 일구려던 계획이 좌절되었을 것임에 틀림없다. 공동체가 의식적으로 신중을 기하면서 통화의 이런 속성을 다른 방식으로 더 공평하게, 더 쉽게 피할 수 있는 길을 제시하지 않는다면, 그런 결과를 피하기 어렵다.

여하튼 이 두 가지 요소, 즉 정부의 재정적 궁핍과 채무자 계층의 정치적 영향력이 작용하는 상황에서 어떤 때는 이 요소가 작용하고 또 어떤 때는 다른 요소가 작용함에 따라 인플레이션이 영속적으로 진행되고 있다. 화폐가 처음 고안된 B. C. 6세기 이래로 오랜 세월을 두루 살펴보면 그런 현상이 확인된다. 가치 기준의 가치가 저절로 떨어지는 경우도 있었고, 그렇지 않을 때에는 통화의 가치를 인위적으로 떨어뜨리는 때도 간혹 있었다.

그럼에도 불구하고, 일상에서 돈을 사용하는 방식 때문에 사람들은 이 모든 것들을 망각하고 화폐를 가치의 절대적 기준으로 보기 쉽다. 게다가 과거 100년 동안 실제로 일어난 사건들이 그런 환상을 깨뜨리지 않을 때, 보통 사람들은 3세대 동안 표준으로 통한 것들을 영원한 사회 조직의 일부로 여기게 마련이다.

19세기에 일어난 사건들의 흐름이 그런 생각들을 뒷받침하는 것 같다. 19세기 첫 사반세기를 보면, 나폴레옹 전쟁 동안에 물가가 크게 뛰었고 이어 화폐 가치의 개선이 다소 신속하게 이뤄졌다. 그 다음 70년 동안, 물가 추이는 일시적 요동을 보이면서 지속적으로 떨어졌다. 그 과정에 1896년에 최저점에 달했다. 그러나 이것은 방향의 측면에서 나타난 추이일 뿐이다.

이 오랜 기간에 두드러졌던 특징은 물가 수준의 상대적 '안정'이었다. 1826년과 1841년, 1855년, 1862년, 1871년과 1915년의 물가 수준은 거의 같았다. 또한 1844년과 1881년, 1914년의 물가도 거의 같은 수준이었다. 후자의 연도들의 지수를 100으로 잡는다면, 1826년부터 세계 대전이 발발한 해까지 거의 100년 가까운 기간에 최대 변동 폭은 플러스와 마이너스 양방향으로 각각 30포인트였다. 물가 지수는 130을 넘지도 않았고 70 밑으로 떨어지지도 않았다. 이쯤 되면 사람들이 오랜 기간의 화폐 계약에 대해 안전하다고 믿게 되었다고 해도 놀라울 것이 하나도 없다.

'금'은 인위적으로 규제하는 화폐가 갖는 이론적인 장점들을 두루 발휘하지 못할 수 있다. 그러나 금은 외부 조건에 크게 흔들리지 않으며, 실제 상행위에서도 믿을 만한 것으로 입증되었다.

동시에 19세기 초반에 콘솔 공채(Consols: 상환 기간이 정해져 있지 않고 정기적으로 이자만 지급하는 공채/옮긴이)에 투자한 사람들은 3가지 이유로 매우 현명한 판단을 했다. 그들이 한 투자의 '안정성'은 완벽에 가까운 것으로 여겨졌다. 그 투자의 자본 가치는 늘 한결같이 평가되었다. 이유는 부분적으로 이제 방금 설명한 '안정성' 때문이지만, 주된 이유는 이자율의 꾸준한 인하가 그 자본에서 나온 소득의 구매력을 높였기 때문이다. 또 매년 생기는 화폐 소득의 구매력은 대체로 해가 갈수록 높아지고 있었다.

예를 들어 1826년부터 1896년까지 70년 동안을 고려한다면(그리고 워털루 전투(1815년) 직후의 엄청난 변화를 무시한다면), 콘솔 공채의 자본 가치가 일시적인 하락을 제외하고는 79에서 109로 꾸준히 상승했다는 사실이 확인되는 한편, 공채 이자의 구매력은 이자율의 하락까지 감안할 경우에 50%나 늘어났다.

게다가 콘솔 공채는 안전성이라는 장점까지 더했다. 위기의 몇 해를 제외하고는 빅토리아 여왕의 통치 기간에 콘솔 공채 지수가 90 밑으로 떨어진 적은 한 번도 없었으며, 심지어 왕권이 허약하던 1848년에조차도 평균 가격이 5포인트 떨어지는 데 그쳤다. 빅토리아 여왕이 왕위에 오를 때 90포인트였던 콘솔 공채는 여왕이 즉위 60년을 맞던 해에 정점에 달했다. 콘솔을 최고의 투자로 생각한 우리 부모들이 얼마나 현명한가!

이리하여 19세기에는 크고, 막강하고, 대단히 존경받는 계층이 하나 형성되었다. 개인으로 보나 집단으로 보나 매우 부유한 이 계층은 건물이나 토지, 기업, 귀금속 따위를 소유하지 않았다. 그들은 오직 법정 통화로만 매년 수입을 챙길 자격을 갖춘 이들이었다. 따라서 19세기의 특이한 현상이며 긍지였던 중산층의 저축이 확고히 자리 잡게 되었다. 행복했던 날의 경험과 관습이 그런 투자에, 안전성의 측면에서 어떤 것도 따라올 수 없는 종목이라는 명성을 안겨주었다.

세계 대전이 발발하기 전에, 이런 종류의 재산은 물가 상승과 이자율 상승으로 (1890년대 중반에 정점을 찍던 때와 비교할 경우에) 이미 어느 정도 손실을 입기 시작했다. 그러나 전쟁에 수반되었거나 전쟁 결과로 통화 제도에 일어난 사건들은 그런 재산의 실질 가치 중에서 영국의 경우엔 반 정도를, 프랑스의 경우엔 8분의 7을, 이탈리아의 경우엔 12분의 11을, 독일과 오스트리아-헝가리 제국의 분할로 생겨난 국가들과 러시아의 경우엔 거의 전부를 빼앗아 버렸다.

이리하여 전쟁과 그에 따른 통화정책의 결과, 투자 계층은 자신들이 가진 재산의 실질 가치를 거의 대부분 빼앗기게 되었다. 이 상실이 그보다 더 참혹했던 전쟁에 따른 상실과 뒤섞여 매우 급격히 일어났기 때문에, 통화정책의 변화가 공채에 미친 영향만을 별도로 평가하는 작업은 아직 이뤄지지 않았다. 그럼에도 불구하고, 통화정책의 변화가 다양한 계층의 상대적 지위에 아주 큰 변화를 초래한 것은 사실이다.

전쟁이 발발하기 전에 유럽 대륙 전역에 걸쳐서 중산층이 가졌던 저축 중에서 공채와 모기지, 은행 예금에 들어 있던 것은 대부분 사라졌거나 완전히 사라져 버렸다. 이런 경험이 저축과 투자 관행을 대하는 사회의 심리를 크게 바꿔놓은 것이 틀림없다. 가장 안전하다고 평가받았던 것이 결국에는 전혀 그렇지 않은 것으로 입증된 것이다. 돈을 쓰지도 않고, 투기도 하지 않고, 가족을 위해 적절히 미래를 준비하고, 안전을 믿으면서 당시에 장려되던 도덕규범을 가장 철저히 지키며 사회가 금지하던 것을 멀리하던 사람들이 최대 피해자가 되어 버렸으니….

이런 역사적 경험에서 우리는 현재의 목적에 도움이 될 만한 교훈으로 어떤 가르침을 끌어낼 수 있을까? 우선 나는 19세기 동안에 발달한 사회 조직과 돈의 가치에 대한 자유방임 정책을 서로 연결시키는 것은 안전하지 않거나 공정하지 않다고 생각한다. 우리 이전의 장치가 제대로 작동했다는 말은 진실이 아니다.

공동체의 자발적 저축을 '투자'로 지속적으로 끌어들이기를 원한다면, 먼저 가치 기준이 안정적일 수 있는 그런 국가 정책을 정성들여 만들어내는 것을 최우선 목표로 잡아야 한다. 세월이 흐르는 과정에 상속 관련법과 축적률이 경제 활동에 적극적인 계층의 소득 중에서 지나치게 큰 부분을 빼앗아 경제 활동을 하지 않는 사람들의 소비로 흐르게 하는 현상이 나타난다면, (상대적으로 무력한 "투자자들"을 주요 표적으로 삼지 않고 모든 형태의 부에 똑같이 영향을 미치는) 다른 방식으로 국가 부의 재분배를 조정해야 한다.

기업가 계층

산업계뿐만 아니라 경제학자들 사이에도 물가가 상승하는 시기가 기업가들에게 자극제가 되고 유리하게 작용한다는 것이 오래 전부터 정설로 통해왔다.

우선 앞에서 살핀 투자자 계층의 상실과 정반대로, 기업가에게 이점이 있다. 돈의 가치가 떨어질 때, 매년 사업으로 번 돈 중에서 일정액의 돈을 지급해야 하는 입장에 있는 사람이 이익을 누리는 것은 너무나 분명하다. 그들이 고정적으로 지급하는 액수가 그들의 매상에서 차지하는 비중이 그 전에 비해 떨어지기 때문이다.

이 이익은 변화가 일어나는 과도기에만 나타나는 것이 아니다. 기존의 채무와 관련 있는 한, 물가가 오른 수준에서 안정을 유지하게 된 뒤에도 계속되는 것이다.

예를 들어 보자. 유럽 전역의 농부들은 모기지로 경작할 땅을 구입할 돈을 마련했다. 그런데 지금 그들은 모기지를 빌려준 사람들이 피해를 입는 만큼 융자의 부담으로부터 자유롭게 되었다.

그러나 변화의 시기에 물가가 매달 올라가는 동안에 기업가는 횡재를 더 많이 누릴 원천을 갖게 된다. 상인이나 제조업자는 대체로 팔 물건을 미리 구입하며, 따라서 적어도 비축 중 일부에 대해서는 가격 변동에 따른 위험을 감수하게 될 것이다. 만약 기업가가 비축해 둔 물품의 가격이 매달 올라간다면, 그 기업가는 자신이 기대한 것보다 높은 가격에 팔면서 예상하지 않은 횡재를 얻게 된다.

그런 시기에는 사업이 터무니없이 쉬워진다. 이때는 돈을 빌릴 수 있는 사람이면 누구나 돈을 벌어야 한다. 그렇지 못한 사람은 예외적으로 불운한 사람이다. 돈을 벌려고 특별히 버둥거리지 않아도 돈이 그냥 굴러 들어오게 되어 있다. 그렇기 때문에 물가가 올라갈 때에는, 돈을 빌린 기업가는 화폐의 실질 가치로 따지면 이자 부담을 전혀 지지 않는 상태에서, 심지어 원래 빌린 원금에도 미치지 못하는 돈으로 부채를 상환할 수 있다.

화폐 가치의 하락은 기업가에게 이득의 원천이 되는 한편으로 비난을 사기 딱 좋은 계기가 되기도 한다. 소비자들에게는 마치 기업가의 예외적인 수익이 가격 상승의 원인처럼 보인다. 기업가 본인은 자신의 재산이 급격히 변동하는 가운데 보수적인 본능을 상실하면서 덜 벌던 때보다 더 많이 벌던 때를 정상적인 기업 활동에 따른 이익으로 착각하기 시작한다. 비교적 먼 미래까지 기업이 누려야 할 안전에 대한 생각이 그 전보다 덜 중요하게 여겨진다. 기업가의 생각은 온통 순간의 횡재로 모아지고 한탕주의에 물들게 된다.

기업가의 과도한 수익은 그가 추구하지 않은 가운데 그에게 굴러온 것으로, 그의 입장에서 보면 계획하지도 않은 것이며 비행(非行)이 개입된 것도 아니다. 그러나 기업가는 수익을 얻기만 하면 쉽게 놓으려 하지 않으며 돈벌이를 계속 유지하려고 안간힘을 쓸 것이다. 그렇게 강박관념에 사로잡혀 일하다 보면 기업가는 '억압된 불안'으로부터 자유롭지 못하게 된다. 그 전에 사회와 자신의 관계, 그리고 자신의 효용성에 대해 품었던 자신감이 그의 내면에서 무너진다. 그는 자신의 사업과 자신의 계층의 미래를 불안한 눈으로 보게 되고, 자신의 재산을 보면서도 자신을 안전하게 보호해줄 것이라는 확신을 강하게 느끼지 못한다.

사회의 버팀목이요 미래의 건설자였던 기업가는 이제 사람들의 곁눈질에 고통을 당하고, 의심을 받거나 공격을 당할 수 있다는 느낌에 시달리며, 스스로를 반쯤 죄인으로, 악덕업자라고 생각한다. 얼마 전까지만 해도 그의 행동은 주변 사람들로부터 칭송을 듣지 않았는가. 또 모든 계층 중에서 가장 존경 받는 계층에 속하던 그를 간섭하는 행위는 재앙으로 여겨지고 사악한 것으로 비난받지 않았는가.

어떤 사람이 자기보다 잘 사는 사람들이 운 좋은 도박으로 재화를 확보했다고 믿는다면, 정신이 제대로 박힌 사람이라면 자신이 가난하게 살아가는 데 동의하지 못할 것이다. 기업가를 일개 악덕업자로 전락시키는 것은 자본주의에 일대 타격을 가하는 것이나 다름없다. 그것이 인간 사회에서 결코 동등할 수 없는 보상을 지속시킬 심리적 균형을 파괴하기 때문이다. 모두에게 애매하게 이해되고 있지만, 정상 이윤이라는 경제 원리는 자본주의의 정당화에 반드시 필요한 조건이다. 기업가는 본인이 챙기는 이익과 그의 활동이 사회에 기여한 것 사이에 어떤 관계가 확인될 때에만 사회적으로 인정을 받을 수 있다.

그렇다면 화폐 가치의 하락이 기존의 경제 질서에 가하는 두 번째 방해는 이것이다. 만약 화폐 가치의 하락이 투자를 위축시킨다면, 그것은 또한 기업의 평판을 나쁘게 만들 수 있다는 점이다.

경제적 호황이 이어지는 동안에 기업가가 예외적인 이익을 몽땅 지켜나가는 것이 허용되었던 것은 아니다. 당시에 사악한 요소들을 바로잡기 위해 대중적인 치료법이 다수 동원되었다. 그러나 이 방법들은 결과적으로 모두 실패로 확인되었다. 이 치료법들, 이를테면 보조금이나 가격과 임차료 고정, 악덕업자 단속이나 초과이득세 자체가 결국엔 본래 퇴치하려던 악에 버금가는 악이 되어 버렸다.

그러다 때가 되어 불황이 닥쳤다. 물가가 떨어졌다. 이번에는 제품이나 원료를 비축해두고 있던 사람들에게 가격이 오를 때와 정반대 현상이 벌어졌다. 경영의 효율성과 아무런 관계가 없는 상황에서 횡재 대신에 과도한 손실이 일어났다. 모든 사람들이 가능한 한 비축을 줄이려고 노력함에 따라 산업이 거의 정지 상태에 이르렀다. 그 전에 비축을 많이 해두려던 노력이 산업을 지나치게 자극한 것과 똑같았다. 실업이 부당 이득의 바통을 이어 시대의 문제로 떠올랐다.

임금 근로자

임금 인상률이 물가 상승률보다 낮기 때문에 임금 근로자들의 실질적인 벌이는 물가가 오르는 기간에 오히려 줄어든다는 것이 경제학 교과서에 공통적으로 담겨 있는 내용이다. 과거에는 이 말이 맞을 때가 자주 있었으며, 지금도 노동계급의 지위를 향상시키려는 노력을 제대로 전개하지 못하거나 조직적이지 못한 일부 노동계급에겐 여전히 진실이다. 하지만 영국과 미국에서는 일부 중요한 노동 분야에서는 근로자들이 상황을 잘 이용하여 예전과 똑같은 구매력을 누릴 뿐만 아니라 실질임금의 향상을 꾀하기도 했다. 특히 영국의 경우에는 전체 국부가 감소를 경험하고 있는 시점에도 노동자들은 실질임금의 향상이라는 목표를 달성했다. 이처럼 평소의 추이를

역전시킬 수 있었던 것은 결코 우연이 아니었으며 명확한 이유를 찾아낼 수 있다.

일부 노동 계층, 예를 들면 철도원과 광부, 항만 노동자 등이 임금 인상을 확보할 목적으로 취한 조직화는 과거보다 많이 나아졌다. 군대 생활까지도 아마 전쟁 역사상 처음으로 여러 측면에서 전통적으로 지켜오던 조건을 크게 향상시켰다. 병사들은 옷도 더 잘 입고, 군화도 더 좋은 것으로 신고, 노동자들보다 더 잘 먹는다. 전투에 참가하는 군인의 아내에겐 별거 수당이 주어지며, 그것을 바탕으로 군인의 아내는 자신의 이상을 펼 수 있었다.

그러나 악덕업자의 횡재라는 요인이 없었다면 이런 결과도 불가능했을지 모를 일이다. 기업가가 거래에 따르는 정상적인 이익을 훨씬 초과하여 거의 횡재에 가까운 이익을 챙겼다는 사실은 동시에 그에게 압박으로 작용하게 된다. 종업원들만 기업가를 압박하는 것이 아니다. 대체로 여론도 기업가를 압박한다. 이때는 그래도 기업가가 재정적 어려움을 겪지 않고 압박을 해결할 수 있다. 사실 기업가가 몸값을 지불하고 당시의 행운을 근로자들과 나눠 갖는 것은 그에게 충분히 가치 있는 일이다.

이런 식으로 근로 계층은 전후 몇 년 동안 '상대적' 지위를 향상시켰다. 이는 '악덕업자' 계층을 제외한 다른 모든 계층과 정반대되는 현상이었다. 일부 중요한 경우에는 노동자들이 절대적 지위를 향상시키기도 했다. 말하자면, 근로 시간 단축과 화폐임금의 인상, 더욱 높아진 물가를 감안할 경우에 근로 계층 중 일부는 작업 단위당 급료를 높일 수 있었다는 뜻이다.

그러나 노동계급의 커진 보상이 나오는 원천을 알지 못한다면, 우리는 이런 상황의 바람직함과 안정성을 제대로 평가하지 못한다. 그렇다면 그런 작업 단위당 임금 인상이 다양한 계층 사이에 국가 생산의 분배를 결정하는 경제적 요인들이 변화한 데 따른 것인가? 아니면 인플레이션과 그에 따른 가치 기준의 교란과 관련 있는 일시적인 영향 때문에 일어난 것인가?

불황의 시기에 근로 계층은 실질임금의 삭감보다 실업 때문에 더 힘들어 했다. 이때는 실업에 대한 국가의 지원이 그 고통을 크게 누그러뜨렸다. 물가에 이어 화폐임금이 떨어졌다. 그러나 1921년과 1922년의 불황은 그 전 몇 해 동안 근로 계층이 중산층에 비해 상대적으로 많이 얻었던 이익을 거꾸로 돌려놓지도 않았으며 크게 줄이지도 않았다. 1923년에 영국의 임금률은 짧아진 근로 시간을 감안할 경우에 전쟁 발발 전에 비해 꽤 놓은 수준을 보였다.

2) 생산에 영향을 미치는 요소로서, 화폐 가치의 변화

만약 산업계가 맞거나 틀린 어떤 이유로 물가가 떨어질 것이라고 예상한다면, 생산 과정이 억제되는 경향을 보인다. 그리고 만약에 산업계가 물가가 오를 것이라고 기대한다면, 생산 과정이 과도하게 자극을 받는 경향을 보인다. 가치 척도에 일어난 변동은 세계의 부와 세계가 필요로 하는 것들, 혹은 세계의 생산 능력을 조금도 바꿔 놓지 않는다. 그러므로 그 변동은 생산될 것들의 성격이나 양에 영향을 미치지 않는다. '상대적' 물가의 변동, 즉 다양한 제품들의 비교 물가의 변동은 생산의 성격에 영향을 미쳐야 한다. '상대적' 물가가 변동한다는 사실이 다양한 일용품들이 적절한 비율로 생산되지 못하고 있다는 점을 암시하기 때문이다. 그러나 '종합' 물가 수준의 변화에는 이 말이 진실이 아니다.

'종합' 물가 수준의 변화에 대한 기대가 생산 과정에 영향을 미친다는 사실은 사회의 기존 경제 조직의 특성에 깊이 뿌리를 내리고 있다. 종합 물가 수준에 나타난 변화가 돈을 빌린 사람과 돈을 빌려준 사람 사이의 부의 재분배에 영향을 미친다는 사실을 우리는 이미 확인했다. 이 대목에선 돈을 빌린 사람이 생산을 할 것인지 여부를 결정하는 입장이고, 돈을 빌려준 사람은 돈을 빌려주기만 하면 그 돈에 대해 아무런 결정권을 갖지 못한다는 사실에 유의할 필요가 있다.

더욱이, 생산 활동에 가담하고 있는 집단이 화폐 가치에 변화가 일어날 것이라고 예상한다면, 이 집단의 사람들은 그 예상이 현실로 나타날 경우에 자신들이 다른 집단에게 잃을 것을 최소화하거나 얻을 것을 최대화하는 쪽으로 자신의 행동을 바꿀 수 있다. 만약에 그들이 화폐 가치의 하락을 예상한다면, 그 예상이 그들로 하여금 생산량을 낮추도록 할 것이다. 이런 식의 강요된 '나태'가 전체적으로 보면 사회를 가난하게 만들지라도 말이다.

만약 화폐 가치의 인상을 기대한다면, 그들은 차입금을 늘리고 생산을 늘릴 것이다. 그러다 보면 실질 수익률이 사회가 전반적으로 기울인 노력을 충분히 보상할 수 있는 선을 넘어버릴 만큼 생산이 증대될 것이다.

물론, 가치 척도에 일어난 변화가 생산량에 불균형하게 영향을 끼침으로써 다른 집단의 희생을 바탕으로 어떤 집단에게 유리하게 작용하는 때도 간혹 있다. 예측하지 못한 변화일 때 특히 더 그러하다. 그러나 경제 활동에 가담하고 있는 집단이 변화를 예측하고 있는 한 그 추이는 내가 묘사한 대로 일어날 것이다. 이는 곧 기존의 조건에서 생산의 집중은 기업가가 예상하는 실질 수익에 크게 좌우된다는 말이다. 그럼에도 가치의 기준이 공동체 전반에 옳은 기준이 되려면 조건이 있다. 가치 기준의 변동에 의해 이해관계의 섬세한 조정이 깨어져서는 안 된다.

화폐 가치의 불안정성에서 직접적으로 비롯되는 위험이 한 가지 있다. 생산이 이뤄지는 오랜 기간 동안에 산업계는 훗날 '화폐'를 받고 제품을 처분할 것이라는 기대에서 '화폐'로 지출을 한다. 임금과 다양한 생산 비용을 현금으로 지급하는 것이다. 달리 표현하면, 산업계 전체는 언제나 가격 인상으로 이득을 보고 가격 하락으로 손실을 보는 위치에 놓여 있다고 할 수 있다. 좋든 나쁘든 화폐계약 제도 아래에서 생산 기술은 언제나 산업계가 상당히 투기적인 태도를 취하도록 만든다. 만약 이처럼 투기적인 태도를 취하는 것이 거북하게 느껴진다면, 생산 과정이 느려질 것이다.

산업계 안에서 기능의 분화가 어느 정도 이뤄진 것은 사실이지만, 그렇다고 해서 이런 주장이 달라지는 것은 아니다. 전문적인 투기업자가 생산자의 위험 일부를 떠안음으로써 생산자를 돕고 나섰다는 점에서, 나는 산업계에서 기능의 분화가 다소 이뤄지고 있다고 본다.

이제 이런 사실로부터 다음과 같은 주장을 끌어낼 때이다. 물가 변동이 실제로 일어난다면, 그 변동은 일부 계층에게 유리하게 작용하고 다른 계층에게 불리하게 작용하는 선에서 그치지 않는다. 물가 하락에 대한 전반적인 두려움이 모든 생산 과정을 억제할 수 있다. 이유는 가격이 떨어질 것으로 예상될 경우에도 물건을 사들일 정도로 강심장을 가진 투기업자들을 발견하기가 어렵기 때문이다. 이는 곧 기업가들이 시간을 많이 요구하고 현금 소요가 많은 생산 공정에 착수하기를 꺼리게 된다는 뜻이다. 이리하여 실업이 시작된다.

물가가 떨어지면 기업가들이 피해를 입는다. 따라서 물가 하락에 대한 두려움은 기업가들로 하여금 작업을 줄임으로써 스스로를 보호하도록 만든다. 그럼에도, 생산 활동과 고용 활동을 주로 좌우하는 것은 위험에 대한 기업가들 개인의 종합적 평가와 위험을 감수하려는 의지의 총합이다.

사태가 더욱 악화되는 경우도 있다. 물가의 변동 추이에 대한 예상이 사회 전반에 걸쳐 널리 퍼져 있을 때, 그 기대에 따른 결과들이 누적적으로 나타난다는 점에서 보면 그렇다. 만약 물가가 올라갈 것으로 기대되고 산업계가 그 기대에 따라 행동한다면, 바로 그런 사실이 한동안 물가를 끌어올릴 것이다. 그러면 기대가 현실로 나타났다는 착각이 일어나며 그 기대를 더욱 강화하게 된다. 산업계가 물가 하락을 기대할 때에도 이와 비슷한 현상이 나타난다. 그러므로 처음에 비교적 약했던 자극도 시간이 지나면 상당히 큰 동요가 될 수 있다.

개인주의가 낳은 이 치명적인 질병을 치유하는 최선의 길은 물가가 전반적으로 떨어지거나 올라갈 것이라는 기대가 사회에 팽배하지 않도록 막는 것이다. 또한 어떤 동요가 일어난다 할지라도 그것이 크게 확산될 위험이 전혀 없다는 점을 분명히 각인시키는 것도 좋은 해결책이다. 만약 어떤 약한 동요가 뜻밖에 일어난다면, 그 일로 인해 부의 재분배가 일어날지라도 부는 줄어들지 않을 것이다.

동요를 일으킬 소지가 있는 가능성들을 모조리 제거함으로써 안정을 확보하겠다는 식으로 노력하는 것은 부질없는 짓일 것이다. 그보다는 가만히 내버려 둘 경우에 종합 물가 수준에 변화를 예상하게 할 일이 일어날 때마다 당국이 그와 반대되는 경향을 일으킬 어떤 요소를 작동시켜 그 예상을 충분히 무산시킬 수 있을 만큼 가치 기준을 관리하는 능력을 확보하는 것이 더 중요하다. 그런 정책이 대중의 기대를 꺾거나 실제의 동요를 잠재우는 데 완전히 성공하지 못한다 할지라도, 우연적인 요소에 휘둘리며 중앙의 통제에서 벗어난 가치 기준이 생산 영역을 마비시키거나 질식시킬 예측을 낳는 동안에 가만히 팔짱만 끼고 앉아 있는 것보다 그렇게 하는 것이 훨씬 더 낫다.

지금까지 물가 상승이나 물가 하락이나 똑같이 결정적인 단점을 갖고 있다는 사실을 확인했다. 물가 상승을 일으키는 인플레이션은 개인들과 계층들에게 불공평을 의미한다. 특히 이자나 배당, 집세 등 정기 수입으로 살아가는 사람들에게 불리하고, 따라서 저축에 불리하게 작용한다.

물가 하락을 낳는 디플레이션은 노동과 기업에겐 빈곤을 의미한다. 기업가들이 스스로 손실을 피하기 위해 생산을 제한하기 때문이다. 그런 탓에 디플레이션은 고용에 대재앙이 된다. 디플레이션은 차용자에게 불공평을 의미하고, 인플레이션은 산업 활동을 과도하게 자극한다.

그러나 이런 결과들은 앞에서 강조한 결과에 비하면 고통이 덜한 편이다. 대출자들이 인플레이션의 불행한 결과로부터 스스로를 보호하는 것보다 차용자들이 디플레이션의 불행한 결과로부터 스스로를 보호하는 것이 그래도 조금 더 용이하고, 노동자들은 불경기 때의 불완전 고용의 피해보다는 호경기 때의 시간외 근무의 피해로부터 자신을 더 잘 보호하기 때문이다.

그렇다면 인플레이션은 불공평하고, 디플레이션은 어리석다고 할 수 있다. 둘 중에서 아마 독일의 경우와 같은 과도한 인플레이션을 예외로 한다면 디플레이션이 더 나쁘다. 이유는 정기적인 수입으로 살아가는 사람들을 실망시키는 것보다 빈곤해진 세상에서 실업을 야기하는 것이 더 나쁘기 때문이다.

그렇지만 우리가 두 가지 악을 놓고 서로 장단점을 비교하고 있을 필요는 없다. 두 가지 다 피해야 할 악이라는 점에 동의하는 것이 훨씬 더 바람직하다. 오늘날의 개인주의적 자본주의는 저축을 개인 투자가에게 맡기고 생산을 개인 고용주에게 맡기고 있다는 바로 그 이유 때문에 안정적인 가치 척도를 전제하고 있으며, 그런 안정적인 가치 척도가 없다면 개인주의적 자본주의는 아마 효율적이지 못하거나 살아남지 못할 것이다.

이런 중대한 이유들 때문에, 우리는 가치 기준에 대한 통제를 신중한 결정의 대상으로 인정하지 않는 깊은 불신으로부터 스스로 자유로워져야 한다. 이제 우리는 가치 기준을 통제하는 힘을 더 이상 기후나 출생률, 헌법 같은 것에 맡겨둬서는 안 된다. 가격 기준을 자연적인 원인에 의해 결정되거나, 많은 개인들이 별도로 행동한 결과에 의해 결정되거나, 혁명에 의해 변화될 수 있는 것으로 봐서는 곤란하다는 뜻이다.

3장

/

확장 프로그램

/

1929년

I

금본위로 회귀하기 전인 1924년의 짧은 경제 회복기를 제외하고, 8년 동안 영국 노동 인구의 10분의 1 혹은 그 이상이 실업자 신세로 지냈다. 이는 영국 역사상 유례가 없는 일이다. 노동부 통계에 보험에 가입되어 있으면서 직장이 없는 사람으로 잡힌 숫자를 보면, 1923년 그런 통계를 시작한 이래로 100만 명 밑으로 떨어진 해가 없다. 1929년 4월 현재는 노동인구 114만 명이 실업 상태에 있다.

이 정도의 실업이라면 실업기금에서 나가는 현금이 연 5,000만 파운드에 달한다. 이는 빈민 구제와 관련한 지출을 포함하지 않은 수치이다. 1921년 이후로 영국은 실업자들에게 총 5억 파운드를 지급했다. 그러면서도 그것으로 얻은 효과는 엄격히 말해 하나도 없다.

이 액수라면 주택을 100만 채 지을 수 있다. 이 수치는 우체국저축은행(Post Office Savings Bank)이 보유한 저축 총액의 거의 배에 달한다. 영국 전국의 도로를 3분의 1 정도 더 건설할 수 있는 금액이다. 영국이 소유한 광산들의 전체 가치보다도 더 큰 액수이다. 이만한 돈이면 영국의 산업 설비를 전부 바꿀 수 있으며, 전국 가정의 3분의 1에 자동차를 공짜로 제공할 수 있고, 전체 인구가 영화를 영원히 공짜로 볼 기금을 조성할 수 있다.

그러나 이것이 낭비의 전부가 아니다. 실업자들 본인에게 훨씬 더 심각한 상실이 일어났다. 실업수당과 풀타임 임금 사이의 차이와 능력과 사기의 상실이 그것이다. 고용주에게는 이익의 상실이, 재무장관에게는 세수(稅收)의 상실이 따른다. 10년 동안 경제 발전의 지연이라는, 돈으로 환산할 수 없는 손실 또한 무시해서는 안 된다.

1924년의 생산 통계에 따르면, 영국 근로자의 평균 순(純)생산 가치는 약 220파운드이다. 이를 바탕으로 계산하면, 1921년 이후 실업으로 인한 낭비가 총 20억 파운드에 달한다. 이는 영국의 철도를 두 번이나 다시 건설할 수 있는 금액이다. 또 미국에 지고 있는 빚을 두 번이나 갚을 수 있는 금액이다. 또 연합국이 독일에 전쟁 배상금으로 요구하고 있는 전체 액수보다도 더 큰 수치이다.

이런 수치를 제대로 알고 분석하는 것이 매우 중요하다. 이유는 로이드 조지의 프로그램이 요구하는 비용이 진정으로 의미하는 것이 무엇인지를 전향적으로 검토할 수 있기 때문이다. 로이드 조지는 연 1억 파운드의 예산이 소요되는 개발 계획이면 50만 명의 고용 창출 효과를 낼 것이라고 추산한다.

이만한 지출은 실업 때문에 해마다 누적되고 있는 낭비와 손실에 비하면 그리 크지 않다. 앞에서 언급한 숫자와 이 지출을 비교하면 어느 쪽을 택해야 하는지가 금방 드러난다. 이 예산은 1921년 이후로 실업 때문에 입은 손실의 5%에 지나지 않는다. 그것은 국민소득의 2.5% 수준이다. 만약 이 실험이 3년 동안 매년 1억 파운드의 비용으로 지속된다면, 그 이후 그로 인한 이자 때문에 늘려야 하는 예산은 2% 미만이다. 한마디로 말해, 그것은 매우 적절한 프로그램이다. 그 계획이 심각하지 않은 악의 치유책으로 매우 큰 위험이라는 발상은 진실이 아니다. 그 계획은 예외적으로 끔찍한 상황을 치유하기 위해서 무시해도 좋을 정도의 위험일 뿐이다.

그 계획에 가치가 없는 일은 하나도 포함되어 있지 않다. 설령 예산의 반이 낭비된다 하더라도 그 계획을 실행하지 않는 것보다는 실행하는 것이 나을 것이다. 영국이 지금처럼 대담한 조치를 취해야 하는 처지에 놓인 적이 지금까지 있었던가?

가만히 앉아서 부정의 뜻으로 머리를 좌우로 흔드는 것이 매우 현명해 보일 수도 있다. 그러나 우리가 손을 놓고 기다리는 동안에 일자리를 잃은 사람들의 사용하지 않은 노동력이 훗날 쓸 수 있도록 은행 구좌에 쌓이는 것은 아니다. 노동력은 그냥 흘러가 버린다. 그것은 그냥 상실이다. 스탠리 볼드윈의 파이프 담배 한 모금에 지금 수천 파운드가 사라지고 있다.

다른 어떤 것보다 더 자주 제기되는 반대는 아마 이런 점일 것이다. 국가가 그런 계획에 투입하기 위해 끌어들이는 돈이 통상적인 산업으로 흘러들어갈 자본의 공급을 그만큼 줄이게 되어 있다는 논리 말이다. 만약 이것이 사실이라면, 국가 개발 정책은 고용을 늘리지 못할 것이다. 단지 일상적인 고용을 국가 주도 계획의 고용으로 대체하는 선에서 끝날 것이다.

그 같은 반대는 여기서 그치지 않는다. 그런 계획은 인플레이션을 의미한다는 식의 주장이 덧붙여진다. 그래서 정부가 유익하게 할 수 있는 일은 거의 없거나 전혀 없다는 뜻이다. 그렇다면 우리는 절망적이다. 우리는 그냥 파도에 몸을 맡기고 이리저리 떠밀려 다녀야 할 것이다.

영국 재무장관이 예산 관련 연설에서 주장한 내용이 그랬다. 그는 하원에서 이렇게 주장했다. "정치적 혹은 사회적 이점이 무엇이든, 정부의 차입과 지출로는 실제로 일자리를 거의 창출하지 못하거나 전혀 창출하지 못한다는 것이 재무부의 입장이다." 그러면서 그는 "일부 국가 지출은 불가피하지만 그 지출도 그 자체로 현명하고 정당하기 때문에 이뤄지는 것이지 실업 해소를 위한 해결책은 아니다."라고 결론을 내렸다.

오늘날 현실 속에서 실제로 일어나고 있는 사실들을 고려할 때, 그 같은 주장은 근거가 없다고 나는 믿는다. 우선, 그런 주장에는 국가가 주도하는 사업만은 영구한 고용을 창출하기 어렵다는 점을 뒷받침하는 내용이 전혀 없다. 만약 지출이 고용을 창출한다면, 그 원칙은 국가가 주도하는 사업이든 개인이 주도하는 사업이든 똑같이 적용되어야 한다.

만약 영국 산업계의 거물들이 어려운 환경에서도 대담하게 새로운 사업을 벌이기로 결정하고 거금 1억 파운드를 새로운 산업 시설에 투자한다면, 고용에 엄청난 효과가 나타날 것이라고 기대하는 것이 자연스럽다. 당연히 우리의 판단이 옳을 것이다.

그러나 만약에 우리가 지금 문제로 삼고 있는 주장과 재무장관의 입장이 옳다면, 우리의 판단이 틀릴 것이다. 그러면 우리는 모험심 강한 기업인들이 다른 목적에 쓸 자본을 단순히 그 시설로 돌리는 것에 지나지 않는다고 결론을 내리고, 고용의 실질적 증가는 전혀 없을 것이라고 결론을 내려야 할 것이다. 아니, 이보다 훨씬 더 이상한 결론을 내리지 않을 수 없을 것이다. (전혀 고려 가치가 없는 인플레이션 외에) 다른 수단으로는 실업자를 흡수하는 것이 불가능하고, 실업을 해소할 길을 가로막고 있는 장애물은 자본의 비효율성이라고 결론을 내려야 할 것이다. 해마다 1억 파운드 이상을 외국에 빌려줄 정도로 잉여 저축을 누리고 있는 영국에서 이런 주장이 나오다니…. 정말 놀라운 일이 아닐 수 없다.

이런 주장은 상식에서 나오는 것이 아님에 틀림없다. 사고의 자유를 누리고 있는 정상적인 사람이라면, 최근 몇 년 동안에 주택 건설이 전혀 이뤄지지 않았더라도 고용이 똑같이 창출되었을 것이라고 믿지 않을 것이다. 따라서 보통 사람들 대부분은 로이드 조지의 주장에 쉽게 설득 당하게 되어 있다. 만약 로이드 조지의 고용 계획이 채택된다면, 더 많은 사람이 고용될 것이다.

그러나 로이드 조지의 계획에 반대하는 주장은 그냥 바람직하지 않은 것이 아니다. 그것은 진실하지도 않다. 고용의 순증가를 가능하게 할 새로운 투자의 자원은 3가지이다.

신규 투자를 공급할 첫 번째 자원은 우리가 지금 실업자들에게 나눠주고 있는 저축이다.

두 번째 자원은 대출할 마땅한 곳을 찾지 못해 낭비되고 있는 저축이다.

셋째 자원은 해외 융자의 축소이다.

첫 번째 자원부터 차례로 살피도록 하자. 개인의 저축은 일부 개인들이 소비하고 있는 것 이상으로 생산하고 있다는 것을 의미한다.

이 초과분은 자본 설비를 늘리는 데 사용되어야 한다. 그런데 불행하게도 이 초과분이 그런 용도에만 사용되는 것은 아니다. 다른 개인들로 하여금 자신들이 생산한 이상으로 소비하게 하는 데에도 쓰이는 것이다.

실업이 일어날 때 바로 그런 현상이 나타난다. 영국은 저축을 이 나라의 설비를 갖추는 데 쓰지 않고 실업자들에게 지급하는 수당으로 쓰고 있다. 로이드 조지의 개발 계획이 사용하게 될 저축은 다른 자본설비를 살 자금에서 빼오는 것이 아니고 부분적으로 실업자들을 부양할 돈에서 나온다. 실업 기금에서만 실업자들에게 지급하는 돈이 1년에 5,000만 파운드에 달한다. 이것도 실업자들을 부양하는 데 드는 비용의 전부가 아니다.

두 번째는 개인의 저축이 반드시 투자로 이어지지 않는다는 사실이다. 투자액은 한편으로는 뱅크 오브 잉글랜드가 창출하는 신용의 액수에 좌우되고, 다른 한편으로는 기업가들의 투자 의지에 좌우된다. 투자하려는 기업가들 중에선 오늘날엔 정부 자체가 가장 중요하다.

두 가지 요소, 즉 뱅크 오브 잉글랜드의 신용 창출과 기업가들의 투자 의지에 의해 결정되는 투자 총액이 저축 총액과 같아지는 것이 이상적이다. 그런데 이 둘 사이에 현재 균형이 이뤄지지 않고 있으며, 오늘날 우리가 겪고 있는 많은 문제들의 뿌리에 이 불균형이

126

자리잡고 있다.

투자가 저축을 능가하는 경우에는 경제 붐이 일어나고 고용이 늘고 인플레이션 경향이 나타난다. 그러나 투자가 저축보다 적어지면, 지금처럼 경제가 슬럼프에 빠지고 비정상적인 실업이 생기게 된다.

이에 대한 반대 의견으로, 신용 확장은 반드시 인플레이션을 의미한다는 주장이 흔히 제기된다. 하지만 신용 창출이라고 해서 모두가 인플레이션을 의미하는 것은 아니다. 영국이 세계 대전 동안이나 종전 후에 한 것처럼, 모든 사람이 고용되어 있고 저축이 바닥까지 다 쓴 상태에서 그 이상으로 활동을 확장하려고 애쓸 때에만 인플레이션이 나타날 뿐이다.

자본 지출을 요구하는 정책이 산업계로 넘어갈 자본을 끌어들이지 않을 경우에 인플레이션을 부를 수 있다는 주장도 경제 붐 문제를 다루고 있다면 충분히 맞는 말이다. 또 자본 지출이 요구되는 정책이 지나치게 멀리 나가는 탓에 저축에 대한 수요가 공급을 초과하기 시작할 때에도 그런 주장이 맞을 것이다.

그러나 지금 영국의 형편은 그런 위치와는 거리가 아주 멀다. 개발 정책이 인플레이션으로 이어질 위험이 약간이라도 있으려면, 그에 앞서 먼저 디플레이션을 부를 많은 요소들이 제거되어야 한다. 지금 시점에서 자본 지출에 반대하는 근거로 인플레이션의 유령을 들먹이는 것은 날로 쇠약해지고 있는 환자에게 비만의 위험성을 경고하고 나서는 것이나 마찬가지이다.

지금까지 뱅크 오브 잉글랜드가 신용 정책을 보다 유연하게 펴는 데 장애가 되었던 것은 신용 확장이 이 은행이 감당할 수 없을 만큼 많은 금의 상실을 부르지 않을까 하는 두려움이었다.

지금 만약에 뱅크 오브 잉글랜드가 영국 국내 산업의 불황 때문에 새로 창출될 신용이 기존의 이자율로 영국 국내에서 소화될 것이란 확신이 전혀 없는 시점에 신용 규모를 늘리려 노력한다면, 그런 우려도 합당하다. 시장의 금리가 떨어질 것이기 때문에, 새로 창출되는 신용 중에서 상당 부분이 외국 차용자들에게 흘러갈 것이다. 그러면 결과적으로 뱅크 오브 잉글랜드의 금이 빠져나가게 될 것이다. 그렇기 때문에 뱅크 오브 잉글랜드가 국내 차용자들이 기존의 이자율로도 새로 창출될 신용을 흡수할 것이라는 확신을 갖지 못한 상태에서 신용을 확대하는 것은 안전하지 못하다.

리버럴한 그 계획이 지금과 같은 상황의 펀드멘털에 적절한 이유도 바로 거기에 있다. 그 계획은 신용 확대를 안전하게 만드는 데 필요한 조건을 제공할 것이다.

물론 뱅크 오브 잉글랜드가 정부의 주요 개발 프로그램과 협력하면서 프로그램이 성공을 거둘 수 있도록 최선을 다하는 것은 필수적이다. 왜냐하면 뱅크 오브 잉글랜드가 은행 신용의 확장을 막을 목적으로 디플레이션 정책을 추구할 경우에, 아주 잘 짜인 계획을 수포로 돌아가게 만들면서 재무부가 주도하는 지출은 다른 산업에 피해를 입히면서 이뤄지게 되어 있다는 점을 확인시킬 수 있는 '능력'이 불행하게도 이 은행에 있기 때문이다.

따라서 우리는 신용 확장이 사태 해결의 열쇠라는 금융가 레지널드 맥케나(Reginald McKenna)의 주장을 받아들인다. 그러나 만약에 그 신용을 국내에서 소화시킬 길을 제시하지 않은 가운데 단순히 신용만을 늘린다면, 이 추가 신용 중에서 상당히 큰 몫이 외국인에게 나가면서 금이 빠져나가게 된다는 점에 유의해야 한다. 그래서 우리는 이런 결론을 내린다. 은행 신용의 확장은 고용 증대에 반드시 필요한 조건이고, 그 증가분을 흡수할 국내 투자 프로그램은 신용의 안전한 확장에 반드시 필요한 조건이라고.

리버럴한 그 정책에 필요한 기금의 세 번째 자원은 해외 융자의 순감소일 것이다. 오늘날 영국의 저축 중 상당 부분이 외국에서 출구를 찾고 있다. 국가 개발이라는 큰 정책이 요구하는 예산이 현재 실업자 구제에 나가고 있는 지출과 낭비되고 있는 저축으로 충당될 수 없다 하더라도, 또 국가의 차입 수요를 충족시키느라 다른 차용자들이 돈을 빌리지 못하는 상황이 벌어진다 하더라도, 이 다른 차용자들이 굳이 영국인 기업가들일 것이라고 단정하는 이유는 무엇인가? 자본 시장에도 나름대로 기술이 있다. 돈을 빌리지 못하게 되는 사람들은 아마 현재 런던이 대규모로 자금을 공급하고 있는 외국 정부나 외국 지방 자치 정부가 될 것이다. 영국 정부의 융자로 인해 영향을 가장 크게 받을 곳은 채권 시장이다.

뱅크 오브 잉글랜드가 새로 확장할 신용 중에서 외국으로 빠져나갈 부분을 줄이는 데 도움이 되는 조치라면 무엇이든 이 은행을 위한 일로 크게 환영을 받을 것이다. 환(煥)포지션은 안정적이지 못하고 변덕스럽다. 최근의 금리 인상이 그런 상황을 보여주는 증거이다. 해외 투자의 축소는 환포지션에 가해지는 긴장을 약화시킬 것이다. 그런데 이런 것을 염두에 둔 뱅크 오브 잉글랜드가 겨우 1, 2년 전에야 외국으로 빠져나가는 자본에 대해 반(半)공식적으로 제한 조치를 취했다. 그 조치도 일시적으로만 적절할 만큼 조잡했으며, 우리는 그 같은 조치를 다시 부활시키자고 제안하지 않는다. 그럼에도 제한 조치의 필요성은 정도만 약해졌을 뿐 지금도 여전히 유효하다.

그다지 좋지 않은 외국 무역 수지에 대해 말하자면, 영국은 지금 외국에 위험할 만큼 많이 투자하고 있으며, 그런 투자가 이뤄지는 부분적인 이유는 저축이 국내에서 마땅한 출구를 찾지 못하기 때문이다.

그러므로 자본 지출 정책이 단순히 디플레이션에 따른 불황을 타개하는 그 이상으로 나아가는 한, 오늘날 외국에서 길을 찾고 있는 저축이 영국 개발을 위해 국내 쪽으로 눈길을 돌릴 것이다. 이는 뱅크 오브 잉글랜드를 위해 환영할 만한 결과가 될 것이다.

영국이 외국에 빌려주는 돈을 줄일 경우에 영국의 수출이 떨어질 수 있다는 반대 의견이 나올 수 있다. 그러나 이런 결과를 예측할 근거는 전혀 발견되지 않는다. 지금까지 밝힌 것처럼, 오히려 순(純) 외국 융자의 축소가 뱅크 오브 잉글랜드의 금 비축에 대한 압박을 누그러뜨릴 것이다. 그러나 이 축소의 주된 효과는 종국적으로 수출 감소가 아니라 수입 증가로 나타날 것이다. 이유는 새로운 계획이 어느 정도의 원료 수입을 요구할 것이고, 오늘날 실업 상태에 있는 사람들이 떳떳하게 다시 벌게 된 돈으로 수입 식품을 더 많이 소비할 것이기 때문이다.

그렇다면 여기에 우리가 찾는 해답이 있다. 로이드 조지의 계획이 필요로 하는 저축은 다른 자본 설비에 쓰일 것에서 나오지 않고 부분적으로는 실업자들을 돕는 예산에서 나온다. 나머지는 지금 적절한 신용의 부족으로 낭비되고 있는 저축에서 나올 것이다. 아울러 새로운 정책이 일궈낼 번영에서도 어느 정도의 자금이 나올 것이다. 거기에 해외 융자의 감소가 더해짐에 따라 균형이 이뤄질 것이다.

실업 상태에 있는 노동력은 모두 국부(國富)를 높이는 데 이용될 수 있다. 저축을 효과적으로 사용할 방법을 찾다가 자칫 국가를 재정적으로 망쳐 놓을 수 있다고 믿으면서 '안전제일'만을 외치며 시민들이 게으르게 지내도록 내버려두는 것은 미친 짓이다. 지금 영국이 새로운 투자에 반드시 동원해야 하는 인력은 실업 상태에 있는 생산적인 자원이다.

이제 영국인들의 앞엔 명백하고도 간단하며, 논란의 여지가 전혀 없는 과제가 하나 남게 되었다. 실업 상태에 있는 노동력을 생산적인 일로 흡수하는 길에 어떤 난관이 있든, 다른 형태의 고용에서 자원을 빼돌리는 일은 결코 있어서는 안 된다는 것이다.

II

지난 몇 년 동안(이 글을 쓴 해는 1929년) 영국의 경제정책은 모두 재무부가 당면한 채무 전환의 영향을 받았다. 정부가 빌리는 액수가 적을수록, 국가 부채를 저리의 대출로 전환할 수 있는 확률이 더 높아진다고 재무부 관계자들은 주장했다. 그래서 재무부 관계자들은 채무 전환을 위해 공적 차입을 최대한 줄이려 들었다. 또 아무리 생산적이고 바람직한 것일지라도 국가의 자본 지출은 무엇이든 없애려 노력했다. 이 영향이 얼마나 강하고 지속적이고 광범위한지에 대해, 대중이 조금이라도 알고 있는지 궁금하다.

아주 치밀하게 짜인 개발 프로그램이나 사업조차도 재무부 관리의 "노!" 한마디에 그냥 폐기처분된다. 현재 자본 지출을 줄이려는 노력이 정부 차입에 대한 이자율을 낮추는 데 기여하고 있는 것은 사실이다. 하지만 이 같은 노력이 실업 증가를 부추기고 영국을 전쟁 전과 똑같은 수준의 생산 도구를 갖춘 상태로 내버려두고 있는 것 또한 사실이다.

예산의 관점에서 보더라도 자본 지출을 줄이려는 노력이 그만한 가치가 있는 일인지 의문스럽다. 이 문제를 그 자체의 이점을 기준으로 솔직하게 고려한다면, 긍정적인 대답을 자신 있게 내놓을 수 있는 사람은 아무도 없다.

자본시장은 국제 시장이다. 금테 장식을 한 증서의 이자율은 영국인의 통제권 밖에 있는 온갖 종류의 영향력이 상호작용한 결과 결정된다. 그리고 영국 정부가 자본 프로그램을 줄이거나 확장함으로써 이자율에 미칠 수 있는 영향력은 극히 제한적이다.

이자율에 미칠 수 있는 효과를 최대한으로 잡아서 0.25% 정도 된다고 가정하자. 이것을 지금 당장 전환해야 할 전쟁 부채 20억 파운드에 적용하면 1년에 500만 파운드가 된다. 이번에는 이것을 실업 기금의 지출과 비교해 보라. 실업 기금은 작년 한 해에만 5,000만 파운드 이상 지급되었다.

더욱이 앞으로 10년 동안은 전쟁 전에 때때로 그랬던 것처럼 세계적인 이유들로 인해서 이자율이 비정상적으로 낮아지는 상황이 벌어질 전망이다. 재무부가 예외적일 만큼 이자율이 높은 불리한 환경에서 힘들게 고생함으로써 기대할 수 있는 것보다 훨씬 더 낮은 이자율의 시대가 전개될 것이다. 그렇게 되면 부채 전환에 더없이 좋은 환경이 될 것이다. 그렇기 때문에 재무부가 부채 전환을 하면서 0.25% 또는 0.5%를 아낀다 하더라도, 지금 그런 식으로 접근하는 것은 앞일을 생각하지 않는 조치가 될 것이다. 무시해도 좋은 절약을 위해서 시기를 앞당겨 부채를 전환하는 것은 중대한 실수가 될 것이다. 인내심을 갖고 조건이 이상적으로 바뀔 때를 기다려야 한다. 그때 재무부 장관이 뭔가 큰일을 해낼 수 있을 것이다.

그러나 예산상의 유, 불리와 별도로 이런 이유들을 근거로 영국의 자본 개발을 가로막고 나서는 데에는 뿌리 깊은 사고의 혼동이 작용하고 있다. 이자율은 두 가지 상반된 이유 중 하나 때문에 떨어진다. 저축의 공급이 많아도 이자율이 떨어진다. 즉 투자에 투입될 수 있는 돈이 많으면 이자율이 떨어진다는 뜻이다. 혹은 투자의 공급이 부족해도 이자율이 떨어진다. 즉 저축을 투입할 바람직한 목적이 충분하지 않아도 이자율이 떨어진다는 말이다.

첫 번째 이유로 이자율이 떨어지는 것은 영국 국익에 명백히 유익하다. 그러나 두 번째 이유로 인한 이자율 인하는, 만약에 그것이 투자의 출구를 고의적으로 막은 결과 생긴 것이라면, 영국 스스로를 가난하게 만드는 재앙이나 다름없는 방식이다.

국가는 단지 개인이 소득 전부를 소비하지 않는 것과 같은 그런 '소극적인' 태도에 의해 부유해지지 않는다. 그런 소극적인 행위에 의해서 생긴 저축을 자본 설비를 보강하는 데 이용하는 적극적인 행위가 따를 때에만 나라가 부강해질 수 있는 것이다.

부자가 되는 사람은 구두쇠가 아니다. 자신의 돈을 수확이 많은 투자에 넣을 줄 아는 사람만이 부유해질 수 있다. 사람들에게 저축을 하라고 권하는 목적은 주택과 도로 같은 것을 짓기 위해서이다. 그렇기 때문에 새로운 자본 투자를 중단하고, 그리하여 저축의 출구와 목적을 막음으로써 이자율을 낮추는 정책은 자살이나 다를 바가 없다.

지금까지 길게 설명한 그런 정책을 지지할 사람은 아마 아무도 없을 것이다. 그러나 그것이 영국 재무부가 몇 년 동안 실제로 해 오고 있는 일이다. 일부 경우에 여론이나 다른 정부 부처 또는 지방 정부가 재무부를 강하게 압박했다. 그러나 무엇인가를 질식시킬 힘이 자신들의 수중에 있는 한, 재무부는 어김없이 그런 식으로 조치를 취했다.

재무부 정책의 무용성과 그 정책을 뒷받침할 논리적 근거가 부족하다는 사실은 마침내 이자율의 하락조차 끌어내지 못함으로써 여실히 드러나게 되었다. 왜냐하면, 앞에서 살핀 바와 같이, 국내에서 투자의 출구가 막히면 저축이 무역 수지를 위협할 만큼 큰 규모로 외국으로 흘러 나가기 때문이다. 그러면 뱅크 오브 잉글랜드는 금을 잃게 된다. 이런 상황을 극복하기 위해선, 은행 할인율이 높아져야 한다.

그래서 결국엔 영국이 세계에서 가장 힘든 상황에 처하게 되었다. 영국은 장비 면에서 첨단을 달리지 못하고 뒤처지고 있다. 경영 수익은 형편없고, 그 결과 소득세 징수 실적이 재무부 장관을 실망시키고 있다. 재무부 장관은 납세자들의 부담을 경감시켜 주지도 못하고 사회 개혁 프로그램을 밀고 나가지도 못하고 있다.

실업은 고삐가 풀린 상태이다. 번영을 구가하지 못함에 따라, 저축률도 떨어지고, 따라서 이자율을 낮추겠다는 원래의 목표조차 달성하지 못했다. 그래서 결국엔 이자율도 높아졌다.

보수당 정부가 지금과 같은 혼란 상황을 야기한 것은 결코 우연이 아니다. 그들의 철학에 따른 당연한 결과이다.

"전기 스위치를 켜거나 전화선을 연결하지 마라. 그런 소비가 이자율을 높인다." "도로나 주택의 건설을 서두르지 마라. 그럴 경우에 몇 년 뒤의 고용 기회를 지금 다 써버리게 된다." "사람들 모두에게 일자리를 안겨주려고 애쓰지 마라. 그러면 인플레이션이 일어난다." "투자를 해서는 안 된다. 그 투자가 어떤 결실을 안겨줄지 모르느까." "어떤 일도 해서는 안 된다. 그건 곧 다른 일을 할 수 없다는 의미이니까." "안전이 최고다. 100만 명을 실업 상태로 두는 정책이 지금까지 8년 동안 아무런 재앙을 부르지 않고 지속되고 있잖아. 그런데 왜 변화를 추구하려고 해?" "우리는 지키지 못할 약속은 절대로 하지 않아. 그래서 약속할 수 있는 게 하나도 없어."

우리가 지금까지 귀와 눈이 아프도록 듣고 보아온 말과 행동이 모두 이런 식이었다. 이 말들은 불황과 쇠퇴를 부르는 구호들이다. 약화되고 있는 행정력의 어리석음과 소심함이 두루 묻어나는 슬로건이다.

부정(否定)과 제한과 무기력…. 이런 것들이 정부의 구호가 되다니. 보수당의 지도력 밑에서, 영국인은 양복 조끼의 단추를 단정하게 채우고 각자의 가슴을 답답하게 압박하도록 강요를 받아왔다. 두려움과 회의(懷疑), 그리고 건강에 대한 지나친 경계심 같은 것이 사람들로 하여금 공기가 탁한 실내에서 지내도록 만들고 있다.

그러나 영국인은 지금 비틀거리며 무덤을 향해 걸어가고 있는 노인이 아니다. 영국인은 건장한 청년이다. 영국인에겐 생명의 호흡이 필요하다. 이 세상엔 두려울 게 하나도 없다. 정반대이다. 미래는 과거가 우리들에게 내놓은 것보다 훨씬 더 많은 부와 경제적 자유, 개인적 삶의 가능성으로 우리를 손짓해 부르고 있다.

지금 대담하게 열린 마음으로 실험에 응하지 못하고, 행동을 취하지 못하고, 여러 가능성을 시험하지 않을 이유는 전혀 없다. 그리고 우리가 나아가는 길에는 정장을 단정하게 차려입고 서 있는 늙은 신사 몇 명 외에 방해가 될 것은 아무것도 없다. 그 신사들은 약간의 예의를 갖추는 척하면서 차례로 쓰러뜨리면 그만이다.

그 신사들조차도 충격을 극복하기만 하면 그 상황을 즐길 가능성이 꽤 크다.

4장

1930년 대공황

1930년

I

우리가 올해(1930년) 현대 역사상 가장 심각한 경제적 대재앙의 그림자 아래에서 살고 있다는 사실을 세상은 느리게 깨달았다. 그러나 어떤 사람이 거리에서 무슨 일인가 벌어지고 있다는 것을 분명히 느끼고 있는 지금, 그 사람은 그런 일이 일어나는 이유를 모르는 탓에 과도할 정도로 두려움에 떨고 있다. 정작 그 어려움이 처음 닥쳐오고 있었을 때에는 아무런 신경을 쓰지 않았으면서도. 그는 미래를 의심하기 시작한다. '지금 나는 달콤한 꿈에서 깨어나면서 암울한 사실들을 직시하고 있는 것인가? 아니면 곧 지나갈 악몽 속으로 빠

져들고 있는가?'

그는 미래를 의심할 필요가 없다. 첫 번째 질문에 답하자면, 그건 달콤한 꿈이 아니었다. 두 번째 질문의 경우에, 그것은 아침이 되면 지나갈 악몽이다. 왜냐하면 자연의 자원과 인간이 고안한 장치들이 예전과 똑같이 결실을 많이 맺고 생산적이기 때문이다.

인간 삶의 물질적인 문제들을 푸는 속도는 조금도 더 늦춰지지 않았다. 우리 모두는 그 전만큼 높은 생활 수준을 누릴 능력을 충분히 갖추고 있다. 여기서 '높은'이라는 표현은 20년 전에 비해서 그렇다는 뜻이다. 또 우리는 생활 수준을 훨씬 더 높일 방법을 곧 배우게 될 것이다.

예전엔 우리는 현혹되지 않았다. 그러나 오늘날엔 엄청난 혼란의 소용돌이에 빠지기도 한다. 작동 원리를 제대로 모르는 섬세한 기계를 조작하다 보면 곧잘 실수를 저지르게 마련이다. 그러면 부를 일굴 가능성을 한 동안, 아니 상당히 오랫동안 허비하는 결과가 나타난다.

지금 나는 내 마음 속에 들어 있는 생각들을 독자들의 마음 속으로 고스란히 옮겨놓을 수 있기를 간절히 바라고 있다. 나는 보통 사람들을 위해서는 지나칠 정도로 말을 많이 하는 한편으로 전문가들을 위해서는 말을 지나칠 정도로 아낄 생각이다. 이유는, 아무도 믿지 않을지 모르지만, 경제학이 전문적이고 어려운 과목이기 때문이다. 지금 경제학은 하나의 과학이 되고 있다. 그러나 나는 현재의 사건들을 완벽하게 이해하는 데 꼭 필요할지라도 지나치게 어려운 것은 배제하면서 현재 상황을 최대한 쉽게 설명할 생각이다.

무엇보다 먼저, 불황의 극단적인 폭력성을 지적하고 넘어가야 한다. 세계를 이끌고 있는 3대 산업국가, 즉 미국과 영국과 독일에서 놀고 있는 근로자가 1,000만 명에 달한다. 이들 나라에는 확장을 꾀할 수 있을 만큼 이익을 기록하고 있는 중요한 산업 분야가 하나도 없다. 산업 확장을 꾀할 수 있을 정도의 성장이 곧 발전의 기준이지 않은가.

그와 동시에, 1차 산업 중심인 국가들에서 거의 모든 광산물과 농작물이 생산비를 밑도는 가격에 팔리고 있다. 물가가 크게 떨어진 1921년의 경우에, 물가 하락은 생산자들이 비정상적인 이익을 누리던 호황의 끝에 일어난 일이었다. 현대사에서 정상적인 수준에서 물가가 작년(1929년)만큼 큰 폭으로, 또 급속도로 떨어진 예는 없었다. 거의 재앙 수준이었다.

생산이 중단되고 실업률이 절정에 달하기까지 걸리는 시간이 1차 산품의 경우에 몇 가지 이유로 제조업보다 더 길다. 대부분의 예를 보면, 생산 단위의 규모가 작고 조직화도 제대로 되어 있지 않다. 그래서 생산 규모를 질서 있게 축소하기가 조금 더 어렵다.

생산 기간도 더 길다. 농산물의 경우에 특히 더하다. 일시적 휴업에 따르는 비용도 더 크다. 고용주이며 동시에 노동자인 사람들이 많다. 그런 경우에 자신이 벌 수 있는 소득이 줄어들면 일을 더 쉽게 포기한다. 실업으로 인해 생기는 사회 문제는 원시적인 공동체일수록 더 심각해진다.

1차 산품의 생산 중단에 따른 금전적인 문제는 1차 산품의 생산이 국민의 생계 수단 거의 전부를 차지하는 국가에서 더욱 심각하게 나타난다. 그럼에도 불구하고, 영국은 1차 산품의 생산이 제조품의 생산만큼 쉽게 제약을 받는 그런 단계로 급속도로 접근하고 있다. 이런 현상이 제조업자들에게 더욱 불리하게 작용할 것이다. 1차 산품 생산자들이 제조업자들이 생산한 제품을 구입할 능력을 전혀 갖지 못하게 되기 때문이다. 이리하여 악순환의 고리가 형성된다.

이 난국에 개별 생산자들이 인간의 행동 양식을 근거로 헛된 희망을 품는다. 그러나 이 같은 헛된 희망은 어느 생산자 한 사람 혹은 어느 생산자 계층 하나만 그런 희망을 추구하는 한 그 사람 혹은 계층에게 이롭게 작용할 테지만, 모든 사람이 다 추구할 때에는 어느 누구에게도 혜택을 안겨주지 못한다.

예를 들어, 특정한 어떤 일차 산품의 생산을 제한할 경우에 이 산품을 이용하는 산업의 생산에 아무런 제한이 없는 한에서만 이 일차 산품의 가격이 오를 것이다. 그러나 산업의 생산이 전방위적으로 제약을 받게 되면, 이 일차 산품에 대한 수요도 공급만큼 떨어지게 된다. 그러면 아무도 더 이상 앞으로 나아가지 못하게 된다.

혹은 특정한 생산업자나 특정한 국가가 임금을 삭감한다면, 다른 생산업자나 국가들이 그 예를 따르지 않을 경우에만 그 생산업자나 국가가 그 무역에서 더 많은 것을 얻을 수 있다. 그러나 임금 삭감이 모든 업자나 국가에서 두루 이뤄진다면, 공동체의 구매력이 대체로 비용을 감축한 만큼 떨어질 것이다. 그러면 아무도 더 이상 앞으로 나아가지 못하게 된다.

따라서 생산량의 제한이나 임금 삭감은 그 자체로는 균형 회복에 도움이 되지 않는다.

더욱이, 영국이 전쟁 발발 전의 물가 수준에 맞게 더 낮은 화폐 임금 수준에서 생산량을 다시 확정하는 데 성공한다 하더라도, 영국이 안고 있는 문제들은 결코 끝나지 않을 것이다. 이유는 1914년 이래로 영국 국내와 외국에서 화폐로 고정된 장기 차입금을 엄청나게 많이 끌어왔기 때문이다. 그러기에 물가 하락은 곧 이 부채의 부담을 가중시키는 것을 의미한다. 물가 하락이 상환해야 할 부채의 가치를 높이기 때문이다.

예를 들어, 영국의 물가가 지금 전쟁 전의 수준으로 떨어진다면, 영국의 국가 채무는 1924년보다 거의 40% 많아지고, 1920년에 비해선 거의 배가 많아질 것이다. 영 계획(Young Plan: 미국의 오웬 영(Owen Young)을 위원장으로 하는 위원회가 1929년에 독일 전쟁 배상액

을 조정한 내용을 말한다. 1,120억 금태환 마르크를 58년 동안 분할 지급
하도록 정했다/옮긴이)은 독일이 감당하지 못할 것으로 판단된 도스
계획보다도 독일에 더 큰 부담으로 작용할 것이다. 세계 대전에서
연합국이 미국에 진 부채는 협상이 마무리된 시점보다 재화와 서비
스로 따지면 40-50% 더 커질 것이다. 남미와 오스트레일리아 같은
채무국도 채권국을 위해 자국의 생활 수준을 떨어뜨리지 않고는 의
무를 이행하지 못할 것이다. 융자를 안고 있는 주택 소유자나 농민
들은 지역을 불문하고 자신들이 채권자들에게 희생당하고 있다는
느낌을 받을 것이다.

이런 상황에 처할 경우에, 자본주의 질서의 기초를 흔들어 놓을
연쇄적 파산이나 채무불이행, 지급거절 등을 막는 데 필요한 조정을
제때 할 수 있을지가 의문스럽다. 그러면 선동이나 혁명이 일어나기
딱 좋은 환경이 조성될 것이다. 세계의 많은 곳이 이미 그런 상황에
처해 있다.

그러나 자연의 자원과 인간이 고안한 장치들은 언제나 예전만
큼 산물을 많이 내놓고 생산적일 것이다. 기계가 단지 혼란의 결과
로 한 동안 고장을 일으키고 있을 뿐이다. 그러나 마그네토 발전기
에 문제가 생겼다고 해서 조만간 내연기관의 시대가 종말을 고하고
마차의 시대로 돌아가는 것이 아닌가 하고 걱정할 필요는 없다.

II

마그네토 발전기에 문제가 생겼다. 그러면 시동을 다시 걸 수 있는 방법은 무엇인가? 여기서 사건들을 거꾸로 거슬러 더듬어 보자.

1. 근로자들이 해고되고 공장이 제대로 돌아가지 않는 이유는 무엇인가? 기업가들이 근로자들을 고용하고 공장을 돌려서 생산한 제품을 손해를 보지 않고 팔 수 있을 것이라는 기대를 품지 못하고 있기 때문이다.

2. 기업가들이 손해를 보지 않고 물건을 팔 수 있을 것이라고 기대하지 못하는 이유는 무엇인가? 생산비가 떨어진 그 이상으로 제품의 가격이 하락했기 때문이다. 비용은 정말로 조금 내린다.

3. 물건 가격이 생산 비용보다 더 많이 떨어진 이유는 무엇인가? 기업가가 제품을 생산하기 위해 지출하는 돈이 비용이고, 기업가가 물건을 팔 때 받을 수 있는 돈을 결정하는 것이 가격이기 때문이다. 사업 분야나 품목에 따라 손해의 폭이 다 다른 이유를 이해하기는 쉽다. 그러나 공동체 전체의 차원에서 보면, 기업가들은 자신들이 지급한 돈과 똑같은 액수를 거둬들이게 되지 않는가? 기업가들이 생산 과정에 지급하는 돈이 대중의 수입을 이루고, 대중은 기업가들의 제품을 구입하는 대가로 기업가들에게 돈을 돌려줄 것이니 말이다. 이것이 우리가 생산과 교환, 소비의 정상적인 순환으로 이해하

고 있는 내용이다.

4. 그런데 사실은 그렇지 않다. 절대로! 불행하게도, 일은 그렇게 돌아가지 않는다. 바로 거기에 문제의 뿌리가 있다. 기업가들이 생산비로 지급하는 돈이 그들의 매상고로 반드시 돌아온다는 말은 사실이 아니다. 호경기 때에는 기업가들의 판매고가 비용을 앞지르는 것이 특징이다. 반면에 불경기 때에는 기업가들의 비용이 판매고를 앞지르는 것이 특징이다.

게다가, 기업가들이 생산량을 줄이거나 임금을 줄이는 방법으로 전체 비용을 줄이면 반드시 균형 상태를 회복할 수 있다고 가정하는 것도 착각이다. 왜냐하면 기업가들의 지출 감소가 자신들의 고객이기도 한 근로자들의 구매력을 떨어뜨림으로써 지출을 삭감한 만큼 판매고 감소를 부를 것이기 때문이다.

5. 그렇다면 전 세계의 기업가들을 한 덩어리로 볼 때, 그들이 지급하는 전체 생산 비용이 전체 매상과 똑같지 않은 이유는 무엇인가? 이 차이는 무엇 때문에 생기는가?

나는 이 질문에 대한 대답을 알고 있다고 생각한다. 그러나 그것이 너무 복잡하고 나에게도 익숙하지 않아서 여기서 만족스런 설명을 제시하지 못한다. 피상적으로 접근할 수밖에 없다.

먼저 판매를 위해 시장에 나온 소비재부터 보자. 그런 제품을 생산한 사람들의 이익(또는 손실)은 무엇에 좌우되는가? 어떤 관점에서 보면 공동체의 전체 수입과 똑같은 전체 생산비는 어떤 비율로 소비재 비용과 자본재 비용으로 나눠진다. 대중의 소득은 공동체의 전체 수입과 같으며, 이것 또한 어떤 비율로 소비재 구입을 위한 지출과 저축으로 나눠진다.

여기서 첫 번째 비율(소비재 비용과 자본재 비용이 나뉘는 비율)이 두 번째 비율보다 높으면, 소비재를 생산하는 업자들은 돈을 잃을 것이다. 이유는 대중이 소비재 구입에 지출하는 돈과 일치하는 기업가들의 판매고가 그 제품들을 생산하는 데 들인 비용보다도 적기 때문이다. 한편, 두 번째 비율이 첫 번째 비율보다 높으면, 소비재 생산자들은 큰 이득을 얻을 것이다. 그렇다면 소비재 생산자의 이익은 다음과 같은 상황에서만 회복될 수 있다. 대중이 그런 제품의 구입에 소득 중 더 많은 몫을 투입하든가(이는 저축이 줄어든다는 뜻이다), 자본재의 생산 비중이 더 높아지든가(이는 소비재의 생산 비중을 낮춘다는 의미이다) 해야 하는 것이다.

그러나 만약 자본재 생산자들이 이익을 내지 못한다면, 자본재가 대규모로 생산되지 못할 것이다. 그래서 두 번째 질문이 제기된다. 자본재 생산자들의 이익은 무엇에 의존하는가? 자본재 생산자들의 이익은 대중이 저축을 화폐나 그와 비슷한 유동적인 형태로 두기를 더 좋아하는가, 아니면 자본재나 그와 동등한 것을 사기를 더 좋아하는가에 달려 있다.

만약 대중이 자본재나 그와 동등한 것을 사기를 꺼린다면, 자본재 생산자들은 손실을 입을 것이다. 따라서 자본재 생산이 줄어들 것이고, 그 결과 소비재 생산업자들도 앞에서 제시한 이유로 더불어 손해를 볼 것이다. 달리 표현하면, 모든 생산자 계층이 손실을 입는 경향을 보이고, 전반적으로 실업이 따를 것이다. 이즈음 악순환의 고리가 시작될 것이며, 일련의 작용과 반작용의 결과로 인해 사태는 갈수록 더 악화될 것이다. 이 악순환은 형세를 반전시킬 어떤 일이 일어날 때까지 계속될 것이다.

이것은 복잡한 현상을 지나칠 만큼 단순화하여 그린 그림이다. 그러나 나는 이 그림이 기본적인 진리를 두루 담고 있다고 굳게 믿는다. 많은 변주와 장식과 편곡이 더해질 수 있을지라도, 기본 가락은 그렇다.

만약 내 말이 옳다면, 문제의 근본적인 원인은 자본 투자에 적합하지 못한 시장 때문에 생긴 신규 사업의 부족이다. 교역이 세계적으로 일어나고 있기 때문에, 세계 시장에 나타나는 새로운 자본재의 생산 부족은 곳곳의 소비재 가격에, 따라서 모든 나라의 생산자들의 수익에 똑같이 영향을 미친다.

세계를 하나로 볼 때, 새로운 자본재의 생산이 불충분하게 이뤄지는 이유는 무엇인가? 나의 의견엔 여러 가지 원인이 복합적으로 작용하며 일으키는 현상인 것 같다.

우선, 그것은 융자업자들의 태도 때문이었다. 새로운 자본재의 상당 부분이 차입한 돈에 의해 생산되기 때문이다. 지금은 융자업자들의 태도 못지 않고 차용자들의 태도 때문에도 그런 현상이 나타나고 있다.

몇 가지 이유로, 융자업자들은 과거에 융자에 대해 기업가들이 부담할 수 있는 수준보다 더 높은 금리를 요구했고 지금도 마찬가지이다. 그 이유들을 보도록 하자.

첫째, 전후 한동안 전쟁에 따른 소모를 보충하던 시기에 사업이 높은 이자율을 부담할 수 있었다는 사실이 융자업자들로 하여금 전쟁 전보다 훨씬 더 높은 이자율을 쉽게 기대하도록 만들었다. 둘째, 평화 조약의 의무 조항을 충족시키려는 정치적 차용자들과 새로 복원한 금본위를 지키려는 금융 차용자들, 주식시장 붐에 편승하려는 투기적인 차용자들에다가, 근래 물가 인하로 입은 손실을 보충하려는 절망형 차용자까지 등장해 어떤 조건이라도 받아들이겠다는 태도를 보임에 따라 융자업자들이 다양한 차용자들에게 순수한 기업가로서는 도저히 감당할 수 없는 이자율로 돈을 빌려주었다. 셋째, 불안정한 세계 상황과 민족주의적 투자 습관 때문에 투자가들이 적정한 이자율로 투자하려 하는 나라들이 제한적이다. 지난 2년 동안에도 세계 3대 채권국 중 2개 국가, 즉 프랑스와 미국이 세계 시장에서 장기 융자를 거둬들었다.

한편, 융자업자들이 꺼리는 태도 못지않게 차용자 측에서도 대출받기를 주저하는 분위기가 강해졌다. 이유는 물가 하락이 돈을 빌린 사람들에게 재앙이 되었기 때문이다. 신규 사업의 시작을 연기한 사람은 그 연기만으로도 큰 행운을 누렸다. 게다가, 대출자들을 놀라게 만드는 위험은 차용자들도 놀라게 만들기 마련이다. 최종적으로, 미국에서 지난 5년 동안 새로운 자본 사업이 거대한 규모로 이뤄짐에 따라 당분간, 어쨌든 불황의 분위기가 계속되는 한 자본 사업을 추가로 벌일 기회가 소진된 상태라는 사실이 고려되어야 한다.

1929년 중반에 이미 미국을 제외한 세계 곳곳에서 새로운 자본 투자가 부적절한 규모로 이뤄지고 있었다. 결정적인 타격은 미국에서 일어난 신규 투자의 붕괴였다. 1930년 현재 미국의 신규 투자는 1929년에 비해 20% 내지 30% 적다. 이렇듯, 일부 국가들에서 수익성 있는 신규 투자를 할 기회가 과거보다 크게 줄어들었다. 한편 다른 나라들에서는 신규 투자가 과거보다 훨씬 더 위험해졌다.

따라서 순수한 신규 자본 투자의 목적을 놓고 융자업자의 생각과 차입자의 생각 사이에 엄청난 괴리가 생기게 되었다. 그 결과, 융자업자들의 저축이 신규 자본 사업에 투입되지 않고 사업 손실을 메우는 데 쓰이게 되었다.

지금과 같은 상황이면, 불황은 아마 심리적인 이유들 때문에 조금 과장되게 마련이다. 그렇기 때문에 언제나 약간 더 긍정적인 반응

이 바람직하다. 그러나 나의 판단엔 융자업자들의 생각과 생산적인 차용자들의 생각이 다시 접점을 찾을 때까지 진정한 회복은 어려울 것 같다. 융자업자들은 보다 넓은 영역에 걸쳐서 보다 쉬운 조건에 돈을 빌려줄 자세를 취할 수 있어야 하고, 차용자들은 원기를 되찾고 돈을 빌릴 준비를 갖춰야 한다.

현대사에서 융자업자와 차용자 사이의 간극이 메우지 못할 만큼 넓었거나 어려웠던 적은 거의 없었다. 우리가 이 진단이 옳다는 확신을 품고서 우리의 의지와 지성을 굽히면서 이 노선을 따라 해결책을 찾으려고 노력하지 않을 경우, 만약에 이 진단이 옳다면, 불황은 공황으로 악화될 것이고 이어 물가 하락이 따를 것이다.

그런 상태가 몇 년 동안 이어질지도 모르며, 그렇게 되면 물질적 부와 모든 나라의 사회적 안정이 돌이키기 어려울 만큼 피해를 입을 것이다. 우리가 해결책을 진지하게 찾을 때에만, 내가 이 글 앞부분에서 비친 낙관주의가 가까운 미래에 현실로 나타날 수 있을 것이다.

미래의 정책 노선을 논하는 것은 이 에세이의 범주 밖이다. 그러나 주요 채권국들의 중앙은행 당국자들이 아니고는 누구도 첫발을 내디딜 수 없다. 또 어느 한 국가의 중앙은행 단독으로는 효과적인 조치를 취하지 못한다. 미국의 연방준비은행(FRB)과 방크 드 프랑스, 뱅크 오브 잉글랜드가 결단력 있게 행동을 취하면, 악화되고 있는 환경을 어떤 질병으로 착각하고 있는 대부분의 사람들이 믿는 그 이상으로 큰 성과를 일궈낼 수 있을 것이다.

가장 효과적인 해결책은 이 3개 채권국의 중앙은행들이 세계 장기 대출 시장에 신뢰를 불어넣기 위해 과감한 계획을 함께 추구하는 것이다. 장기 대출 시장이 살아나면 세계 곳곳의 사업이 활력을 얻고, 물가와 수익이 회복될 것이다. 그런 식으로 어느 정도 시간이 흐르면, 세계 상업의 바퀴가 다시 돌아가기 시작할 것이다.

만약 프랑스가 금의 안전을 고집하며 새로운 부의 창출이라는 모험에서 비켜 서 있기를 원한다면, 나는 성향이 비슷한 영국과 미국이 힘을 합하면 적당한 시간 안에 그 기계를 다시 작동시킬 수 있을 것이라고 확신한다. 만약에 잘못된 것이 무엇인지를 정확히 알게 된다면, 세계 대출 시장이 다시 활력을 찾을 것이다. 오늘날 영국 해협 양안과 미국 당국의 손들을 마비시키고 있는 주된 원인이 바로 이런 확신의 결여이기 때문이다.

5장

/

경제

/

1931년

1) 저축과 지출(1931년 1월)

현재 일어나고 있는 교역과 고용의 둔화, 사업 손실은 현대사에서 과연 최악이라 할 만하다. 어느 나라도 예외가 아니다. 오늘날 전 세계의 수많은 가정을 괴롭히고 있는 궁핍과 경우에 따라 이보다 더 나쁠 수 있는 불안은 가히 극단적이다. 세계의 3대 산업국가인 영국과 독일, 미국에서만 놀고 있는 산업 근로자가 1,200만 명은 족히 될 것이다.

그러나 나는 세계의 농업 대국들의 주민들은 이런 불행을 겪지 않을 것이라고 장담하지 못한다. 농업 국가들의 주민들이 오히려 더 힘들어할 수 있다. 캐나다와 호주, 남미의 소규모 농민 수백 만 명이 자신이 재배하거나 생산하는 농산물의 가격 하락으로 망하고 있다. 그들이 수확 후에 받는 현금은 농작물을 생산하는 데 들인 비용보다도 낮다. 밀과 양모, 설탕, 면화와 같은 주요 산물을 비롯한 농산물들의 가격 하락이 재앙이 되고 있기 때문이다. 농산물들의 가격은 지금 대부분 전쟁 전의 수준보다도 낮다. 그럼에도 비용은 모두가 잘 알듯이 전쟁 전의 수준보다 월등히 더 높다. 몇 주 전 리버풀에선 밀이 250년도 더 전인 찰스(Charles) 2세 통치 이래로 가장 낮은 가격에 팔렸다는 말까지 돌고 있다. 과연 농부들이 그런 처지에서 살아갈 수 있을까? 당연히 그런 삶은 불가능하다.

당신은 어쩌면 낮은 물가가 당연히 이로워야 한다고 생각할지도 모르겠다. 일부 검소한 개인들은 실제로 그렇게 믿는다. 생산업자들이 잃는 만큼 소비자들이 얻을 것으로 생각되기 때문이다. 그러나 경제란 것은 그런 식으로 간단하게 돌아가는 것이 아니다. 노동을 하는 우리 대부분은 생산에 참여할 수 있는 한에서만 소비할 수 있다. 그러기에 생산 과정을 간섭하는 것이면 무엇이든 반드시 소비 과정도 간섭하게 되어 있다.

이런 현상이 일어나는 이유는 모든 것의 비용과 가격이 똑같이 떨어지는 것을 방해하는 장애들이 너무나 다양하고 많기 때문이다. 예를 들어, 제조업자 대부분이 부담하는 임금 비용은 실질적으로 과거와 거의 똑같다. 여기서 악순환이 어떤 식으로 전개되는지를 보도록 하자.

양모와 밀의 가격이 떨어진다. 이것이 빵과 모직 제품을 즐기는 영국 소비자들에게 좋은 소식일 것으로 여겨진다. 그러나 양모와 밀을 생산하는 농민들은 양모와 밀을 판 대가로 더 적은 돈을 받게 되기 때문에 영국 제품을 평소만큼 구입하지 못한다. 따라서 양모와 밀 생산자들이 사던 제품을 만드는 근로자이기도 한 영국 소비자들은 자신이 일자리를 잃게 되었다는 사실을 깨닫게 된다. 지출할 수 있는 수입이 떨어지는 마당에 물가가 아무리 낮아봐야 무슨 소용이 있겠는가?

스코틀랜드의 스카이 섬을 방문 중이던 존슨 박사(Samuel Johnson: 1709-1784)는 1페니면 달걀을 스무 개나 살 수 있다는 말을 듣고 이렇게 대답했다. "비참한 이 섬에 달걀이 풍부하다는 소리가 아니라, 돈이 없다는 소리로 들리는군요."

생산 기술의 향상이나 효율성 제고로 인해 일어나는 가격 인하는 진정한 혜택이다. 하지만 생산자의 파멸을 의미하는 가격 하락은 가장 심각한 경제적 재난 중 하나이다.

지금 영국인들이 사태의 심각성을 제대로 직시하지 않고 있다는 말은 진실이 아닐지 모른다. 그러나 나는 영국인들이 사태의 심각성을 충분히 인식하고 있는지에 대해서는 의문을 품는다. 수백 만 명이 어쩔 수 없이 일을 하지 못하는 상황은 곧 기적을 이룰 수도 있는 잠재적 부가 낭비되고 있다는 뜻이다.

지금 놀고 있는 근로자들과 공장들도 경제가 제대로 돌아가는 상황이라면 하루에 엄청난 가치의 재화를 생산할 것이다. 또 근로자들은 지금보다 더 행복할 것이고, 따라서 작업 능률도 훨씬 더 높아질 것이다.

지금 우리는 어떤 대가를 치르더라도 행동을 취하겠다는 각오로 문제를 바로잡으려 노력해야 한다. 전쟁 때의 각오 그대로. 그런데도 엄청난 무기력증이 우리를 짓누르고 있는 것 같다. 내가 볼 때, 현재 상황의 특징은 누구나 저마다 치유책을 제시할 수 있다는 점이다. 물론 그 중엔 다른 것보다 더 나은 것이 있다. 서로 경쟁 관계에 있는 온갖 정책들은 나름대로 유익한 면을 제시하고 있다. 그럼에도 우리는 그런 장점들 중에서 어느 것도 선택하지 않고 있다.

최악의 치유책은 아무 일도 하지 않을 구실을 찾는 것이다. 현재 상황을 치유할 수 있는 방법은 상당 부분 영국의 능력 밖에 있다. 지금의 문제는 세계적인 문제이며, 영국처럼 외국 무역에 크게 의존하고 있는 나라의 입장에서 보면 스스로 해결할 수 있는 폭이 매우 좁다.

그러나 이것은 영국 국민이 소극적으로 행동해야 할 이유가 절대로 아니다. 영국 스스로 할 수 있는 일이 어느 정도 있기 때문이다.

나의 의견엔, 영국 국민이 소극적이도록 만드는 또 다른 중요한 요소가 하나 더 있다. 유익하고 유익하지 않은 행위에 대한 심각한 오해가 바로 그것이다.

오늘날, 세계의 시민들 중엔 조국이 처한 상황을 바로잡기 위해선 평소보다 저축을 더 많이 하는 것이라고 믿고 있는 사람이 많다. 그들은 수입 중에서 더 많은 몫을 저축으로 돌리면 고용을 돕는 결과를 낳을 것이라고 믿는다. 도시나 카운티 의회의 구성원이라면, 이런 어려운 상황에 자신이 해야 할 옳은 일은 생활의 편의를 도모할 시설이나 새로운 공공사업을 위한 지출에 반대하는 것이라고 믿을 것이다.

어떤 환경에서는 그런 식으로 지출을 자제하는 것이 당연히 옳을 수 있다. 그러나 지금 같은 상황에서는 불행하게도 그런 절약 정신이 크게 잘못되었다. 절약은 매우 해롭다. 절약은 현 상황이 요구하는 것과 정반대의 조치이다. 이유는 저축의 목적이 주택과 공장, 도로, 기계와 같은 자본재 생산 분야의 고용을 창출하는 것이기 때문이다. 그러나 그런 목적에 동원할 수 있는 자원이 넘치는 상황이라면, 저축은 단순히 이 자원을 추가로 더 늘리는 결과가 되어 오히려 실업자 수를 늘리게 된다.

더욱이, 어떤 사람이 이런저런 이유로 일자리를 잃게 될 때, 그 사람의 줄어든 지출 능력은 그가 더 이상 구입하지 못하게 된 제품을 생산하던 사람들 사이에 실업을 야기한다. 그렇게 되면 사태는 악순환의 고리를 형성하면서 더욱 악화된다.

여기서 내가 제시할 수 있는 최선의 짐작은 당신이 5실링을 저축할 때마다 한 사람의 노동자를 하루 동안 일자리에서 쫓아내는 결과가 된다는 것이다. 5실링의 저축은 근로자 한 사람이 하루 실직하는 효과에 해당하는 실업률을 높인다. 한편, 물건을 살 때마다 당신은 고용을 늘리게 된다. 그때 만약에 영국의 고용을 늘리고 싶다면 영국 내에서 제조된 제품을 사는 것이 좋다.

어쨌든 이것은 지극히 평범한 상식에 지나지 않는다. 당신이 물건을 사면, 누군가가 그것을 만들어야 하기 때문이다. 당신이 물건을 사지 않는다면, 가게들은 재고품을 다 팔지 못할 것이 뻔하기 때문에 추가 주문을 하지 못할 것이다. 그렇게 되면 누군가가 일자리에서 쫓겨나야 한다.

그러므로 애국심 강한 주부들이여! 내일 아침에는 씩씩하게 거리로 나가서 곳곳에서 벌어지고 있는 세일에 동참하도록 하라. 그것은 당신 자신에게도 훌륭한 일일 것이다. 물건 값이 지금처럼 싼 예가 한 번도 없었기 때문이다.

지금 제품들의 가격은 상상을 초월할 정도로 싸다. 침대 시트와 담요 같은 것을 충분히 사서 보관해 두었다가 필요할 때 쓰는 것도 아이디어이다. 그리고 당신 스스로 고용을 창출하고 있다는 사실에 기쁨을 느끼도록 하라. 당연히 당신은 영국의 국부를 증대시키고 있다. 당신의 행위가 국가에 유익한 활동의 시작이기 때문이다. 아울러 랭커셔와 요크셔, 벨파스트 주민들에게 희망과 용기를 줄 수 있기 때문이다.

이런 것들은 단지 예들에 지나지 않는다. 당신 자신과 당신의 가정에 절실히 필요한 것이 있으면 무엇이든 하라. 고칠 곳이 있으면 고치고, 지을 것이 있으면 짓도록 하라.

영국에 지금 필요한 것은 정장을 갖춰 입고 무게를 잡는 것이 아니라 확장의 분위기에서 행동하는 것이다. 어쨌든 일을 하고, 물건을 사고, 제품을 만들려는 열의를 보여야 한다. 이 모든 것은 너무도 명백한 상식이다.

극단적인 예를 들어 보자. 영국인들이 한꺼번에 소득을 지출하기를 망설이면서 많은 몫을 저축한다고 가정해 보자. 그러면 엉뚱하게도 모든 사람이 일자리를 잃고 말 것이다. 얼마 지나지 않아, 영국인 모두가 지출할 수입을 전혀 갖지 못하게 될 것이 확실하기 때문이다. 그러면 저축을 했다고 해서 부자가 되는 것도 아니다. 최종 결과는 영국인 모두가 굶어죽는 것이다. 이는 지방 행정 당국에도 그대로 통한다. 오히려 훨씬 더 절실하게 나타날지 모른다. 지금은 지방 자치 단체들도 모든 종류의 개선안을 총동원해야 할 때이다.

환자에겐 휴식이 필요하지 않다. 환자에겐 운동이 필요하다. 당신이 주문을 넣기를 거부하고 활동하기를 거부함으로써 노동자들을 묶어놓은 상태에서 노동자들이 일을 시작하도록 할 수는 없다. 반대로, 이런저런 활동이 경제 발전과 부의 생산이라는 바퀴가 다시 돌아가도록 만드는 유일한 수단이다.

나는 웅대하고 장엄한 계획이 전국적으로 이뤄지는 것을 보고 싶다. 며칠 전에 나는 템스 강 남쪽 강변을 따라 스트랜드 거리와 평행으로, 웨스트민스터와 런던을 잇는 새로운 대로를 건설하자는 제안을 읽었다. 지금은 바로 그런 계획이 필요한 때이다. 그러나 나는 그보다 훨씬 더 큰 규모의 사업을 볼 수 있기를 기대한다.

예를 들어, 웨스트민스터에서 그리니치까지 사우스 런던 전체를 헐고 멋지게 다시 개발하면 어떨까? 직장에서 가까운 안락한 공간에 주택을 지어 지금보다 훨씬 더 많은 주민들에게 제공하는 것이다. 현대 생활을 편하게 이끌 시설을 두루 갖춘 빌딩과 수백 에이커의 광장과 대로, 공원을 짓는 것이다.

그것들이 모두 완공되면 보기에도 아름다울 뿐만 아니라 편리하고 유익한 공간이 되어 우리 시대의 기념물로 자리잡을 것이다. 그런 프로젝트가 고용을 창출할 수 있을까? 물론이다. 사람들이 실업수당을 받으면서 빈둥거리며 비참하게 지내는 것이 더 나은가? 절대로 그렇지 않다.

내가 현재의 사태를 관찰한 결과를 요약하면 다음과 같다. 독자 여러분에게 제대로 전달되었으면 하는 마음이 간절하다. 가장 먼저, 사태의 극단적인 심각성을 강조하고 싶다. 영국 노동 인구의 4분의 1 가량이 일을 제대로 하지 못하고 있다. 다음으로는 이 문제가 전 세계적으로 일어나고 있는 현상이라는 점이다. 그렇기 때문에 영국 혼자만의 힘으로는 치유하지 못한다. 셋째는 모두가 그 전처럼 무엇인가를 할 수 있다는 자신감을 품고, 위대한 사업을 시작하고, 소비를 계속해야 한다는 점이다.

그러나 나에게는 여러분 앞에 마지막으로 제시할 주제가 한 가지 더 있다. 나는 일부 사람들이 나의 제안에 경악을 표시하는 이유가 뭔지 상상해 본다. 영국이 지금 너무 빈곤하여 그들의 눈에 사치로 비치는 그런 계획을 제대로 수행하지 못할 것이라는 두려움 때문이 아닐까, 하고 짐작해 본다. 그런 사람들은 영국이 가난하다고, 과거보다 훨씬 더 가난하다고 생각한다. 그래서 영국인들에게 지금 절실히 필요한 것은 옷감에 맞춰 코트를 만들려는(분수에 맞게 산다는 뜻/옮긴이) 정신이라는 식으로 생각한다. 그것은 곧 영국인들이 소비를 줄이고, 생활 수준을 낮추고, 일을 더 열심히 하는 한편으로 저축을 더 많이 해야 한다는 것을 의미한다. 그렇게 해야만 이 난국에서 벗어날 수 있다는 인식이다.

그러나 나의 판단엔 이런 관점은 현실 문제를 제대로 보지 못하고 있다. 영국인에게 지금 옷감은 풍부하다. 그것을 잘라서 코트를 만들려고 드는 용기가 부족할 뿐이다. 그러므로 나는 독자 여러분이 이 나라의 경제력을 더 높이 평가할 수 있도록 희망적인 사실들을 전하고자 한다.

먼저, 너무나 명백히 드러나는 사실부터 알려주고 싶다. 영국 인구의 대부분이 그전보다 훨씬 더 나은 조건에서 살고 있다는 점이다. 영국은 지금 고용 가능한 인구 중 거의 4분의 1에 달하는 실업자들을, 다른 대부분의 나라에서 일을 하는 사람들보다 더 높은 생활 수준으로 부양하고 있다.

동시에 국부는 매년 증가하고 있다. 예를 들어, 프랑스나 독일보다 훨씬 더 높은 임금을 지급하고, 노동 인구의 4분의 1에 달하는 실업자를 부양하고, 주택이나 도로, 발전소 등 국가에 절실히 필요한 분야에 상당한 규모를 지출하고도 영국엔 여전히 외국에 빌려줄 잉여금이 남아 있다. 1929년의 경우에 이 잉여금의 규모가 세계의 다른 어느 나라보다 크다. 심지어 미국보다도 크다.

영국이 어떻게 이럴 수 있을까? 만약 영국인들이 대단히 비효율적이고 낭비가 심하고 점점 더 가난해지고 있다고 믿는 비관주의자들의 생각이 옳다면, 이런 일은 절대로 일어날 수 없었다. 영국이 현실로 그렇게 할 수 있는 것은 비관주의자들의 판단이 아주 틀렸기 때문이다. 영국은 지금 현실의 문제들을 잘 처리하여 지금과 같은 혼란의 상태로까지 악화시키지 않았을 경우에 예상되었던 만큼 부유하지는 않다. 그러나 영국은 비효율적이지도 않고, 빈곤하지도 않으며, 빚으로 살고 있지도 않다. 그와 정반대이다. 영국의 노동력과 공장의 생산성은 과거보다 훨씬 더 높다. 영국의 국민소득은 빠른 속도로 증가하고 있다. 이런 것들이 영국이 외국에 돈을 가장 많이 빌려주는 나라가 된 이유이다.

이제는 수치를 제시하겠다. 1924년과 비교하면, 지금 노동자 1인당 생산량은 아마 10% 늘어났을 것이다. 말하자면 10% 적은 노동력으로도 1924년과 똑같은 양의 부를 생산할 수 있게 되었다는 뜻이다. 전쟁 전과 비교하면, 노동자 1인당 생산량의 증가는 20%나 된다. 화폐 가치의 변화를 고려하지 않을 경우에, 실업자 수가 엄청났던 1929년의 국민소득도 1년에 1억 파운드의 성장을 보였다. 이런 증가 추세는 여러 해 동안 이어지고 있다. 그와 동시에 영국은 부의 분배라는 측면에서 평등한 방향으로, 가히 혁명이라 불러도 좋은 과정을 거치면서 조용히 성숙을 기하고 있다.

그러므로 영국인들이 지금 겪고 있는 고통은 고령의 류머티즘 때문이 아니라 젊은이의 성장통 때문이라는 확신을 갖도록 하자. 영국인들은 지금 자신에게 주어진 기회를 충분히 활용하지 못하고 있고, 더욱 높아진 생산력과 생산적인 활력을 발산시킬 출구를 찾지 못하고 있을 뿐이다. 기가 죽어 지출을 억제하는 일이 벌어져서는 안 된다. 영국인들은 모두 앞으로 밀고 나가야 한다. 개인적 차원에서나 국가적 차원에서나 활기와 대담성, 모험이 치유책이 되어야 한다.

2) 경제 보고서 (1931년 8월 15일)

경제위원회의 보고서(Report of the Economy Committee)는 여러 관점에서 고려할 수 있다. 이 보고서는 대단히 소중한 자료이다. 영국이 결정적으로 중요한 정책 문제와 관련해서 이 길 혹은 저 길을 선택하도록 강제하기 때문이다. 특히 보고서는 국제 물가의 하락을 영국인의 임금과 급여에 반영하자고 제안함으로써 사실상 영국 국민들에게 디플레이션을 일으킬 뜻이 있는지 여부를 묻고 있다. 디플레이션을 일으키는 것이 영국 국민들의 의도라 하더라도, 그 과정이 이 위원회의 바람대로 학교 선생과 경찰의 임금을 떨어뜨리는 선에서 끝날 것이라고 가정하는 것은 정말 터무니없는 생각이다.

위원회의 보고서는 지나치게 멀리 나갔거나 충분히 멀리 나가지 않았거나 둘 중 하나이다. 그러나 내가 여기서 논하고자 하는 것은 그런 문제가 아니다. 나의 판단에 비춰, 그 보고서가 간과하고 있는 것 같은 한 가지 측면에만 초점을 맞출 것이다.

위원회는 자신들의 프로그램이 실업 규모나 세금 수입에 미칠 영향에 대해 깊이 생각했다는 증거를 조금도 보여주지 않고 있다. 위원회는 부분적으로 소득의 축소를 통해, 또 부분적으로 지금 고용되어 있는 사람들이 일자리를 잃게 함으로써 영국 시민들의 구매력을 축소시킬 것을 권하고 있다. 위원회는 이 같은 방식에 따른 구매력 축소가 다른 방향에서의 증대로 인해 상쇄될 것이라고 주장하면서도 그 근거를 전혀 제시하지 않고 있다. 이는 위원회가 기본적으로 정부는 세금을 적게 물리는 것이 아니라 돈을 적게 빌리는 방향으로 경제를 운영해야 한다는 생각을 갖고 있기 때문이다.

위원회에 관여하고 있는 위원들의 머릿속에 어쩌면 고정된 액수의 융자기금 같은 것이 있다는 식의 생각이 박혀 있을지도 모른다. 아마 경제위원회의 위원들은 일정 금액의 돈이 항상 융자되어 있는 상태일 것이라고, 따라서 정부가 적게 빌리면 민간 기업들이 더 많이 빌리게 될 것이라고 생각할 것이다. 그러나 융자기금 같은 것을 구체적이고 명확한 조건으로 바꿔놓으려고 노력한다면, 위원회의 위원들도 금방 그런 믿음을 버리게 될 것이다.

위원회의 제안은 산업 분야의 임금 인하의 결과로 무역 수지에 나타날 수 있는 효과조차도 어렵게 만들 것이다. 왜냐하면 위원회가 제안한 아이디어 중엔 생산비의 절감을 낳을 것이 전혀 없기 때문이다. 정반대로, 위원회는 고용주의 보험료 부담을 높임으로써 생산비를 높일 안을 제시했다.

따라서 보고서에 생략되어 있는 문장들을 찾아내서, 위원회가 제안하는 방식으로 구매력을 떨어뜨릴 경우에 예상되는 결과를 짐작해 보도록 하자.

이런 식으로 떨어뜨린 구매력 중 일부는 외국 제품의 구매 감소로 이어질 것이다. 예를 들어, 실업 수당이 감소하면, 실업자는 허리끈을 더욱 조이며 수입 식품을 덜 먹게 될 것이다. 여기까지는 상황에 도움이 될 수 있다.

떨어진 구매력 중 일부는 저축을 덜 하는 방향으로 현실에 반영될 것이다. 예를 들어, 만약 교사들의 월급이 삭감된다면, 교사들은 저축을 덜 하게 되거나 그때까지 몸에 익은 생활 수준을 지켜나가기 위해 과거의 저축까지 인출해 쓸 것이다. 그러나 종합적으로 보면, 영국 제조업자들은 소비자들(경찰관과 학교 선생, 연금 생활자 등)의 지출로 챙기는 돈이 7,000만 파운드 줄어든 것을 확인할 것이다. 그러면 영국 제조업자들은 지출을 줄이든가 직원 일부를 해고하든가, 아니면 두 가지 다를 하든가 하지 않고는 손실을 감당하지 못할 것이다. 말하자면, 영국 제조업자들은 정부의 예를 따라야 할 것이다. 이것이 다시 똑같은 일련의 효과를 낳게 될 것이다.

그러면 최종 결과는 당연히 실업 수당을 받는 실업자들의 수가 크게 증가하는 것으로 나타난다. 아울러 소득과 수익이 감소함에 따라 세금 수입도 줄어든다. 정말로, 정부가 적자를 줄인 직접적 결과는 정부가 융자를 내서 추가 자본을 투입했을 때와 정반대 방향으로 나타난다. 정부가 적자를 확대하거나 적자를 축소할 때 그 결과가 어떤 식으로 나타날 것인지를 숫자를 바탕으로 정확히 예측하는 것은 불가능한 일이지만, 넓게 보면 대체로 앞에 말한 내용과 똑같다.

위원회의 권고사항 중 몇 가지는, 예를 들어, 도로나 주택, 조림과 관련 있는 권고사항은 공공사업을 실업 해결책으로 강조하는 이론 자체가 잘못되었다는 인식을 노골적으로 드러내고 있으며, 위원회는 사실상 이 이론에 바탕을 둔 정책들을 폐기할 것을 요구하고 있다. 그러면서도 위원회는 자신의 입장을 구체적으로 옹호하려는 노력을 기울이지 않고 있다.

이 대목에서 나는 위원회의 위원들이 매우 단순한 사람들이어서 돈을 지출하지 않는 것을 너무나 명백한 미덕으로 보기 때문이 아닐까 하고 짐작한다. 어쩌면 위원회 위원들은 너무나 순박한 사람들이라서 지금 내가 논하고 있는 문제가 존재한다는 사실조차 눈치채지 못하고 있을 수 있다.

그러나 그들은 상당히 중요한 의견을 무시하고 있다. 공공사업을 통한 해결에 반대하는 주된 이유가 그 이론 자체에 있는 것이 아니라 합리적인 프로그램을 고안하는 데 따르는 실질적 어려움에 근거하고 있기 때문이다. 그러나 이미 시행 중인 조치들을 거꾸로 되돌리자는 제안에는 그 이론의 타당성을 문제삼는 것이 아니라 아예 이론 자체를 부정하려는 태도가 담겨 있다.

다소 성급한 느낌이 들긴 하지만, 나는 영국 정부가 위원회의 권고사항에 따라 1억 파운드를 절약하는 쪽으로 정책을 시행할 경우에 예상되는 결과의 심각성을 대략적으로 보여줄 생각이다. 다음과 같은 일들이 벌어질 것으로 예상된다.

(1) 실업자의 숫자가 25만-40만 명 늘어날 것이다.

(2) 수입이 수출을 초과하는 액수가 2,000만 파운드 줄 것이다.

(3) 대중의 저축이 1,000만-1500만 파운드 줄 것이다.

(4) 경영 수익이 2,000만-3,000만 파운드 줄 것이다.

(5) 사업가들을 비롯해 경영 수익에 의존하는 사람들의 개인적 지출이 수익 악화로 인해 1,000만-1,500만 파운드 줄 것이다.

(6) 경영 수익이 떨어진 결과, 사기업이 자본 건설과 운전 자본 등에 투사하는 돈이 500만-1,000만 파운드 줄 것이다. 위원회의 권고사항을 채택하는 것이 경영 "신뢰"에 미칠 심리적 영향까지 고려한 수치이다.

(7) 정부가 예산을 1억 파운드 줄인 결과 최종적으로 얻을 재정 적자 감소 효과는 세수 감소와 높아진 실업 비용 등으로 인해 5,000만 파운드를 넘지 않을 것이다.

물론 내가 사용한 실제 숫자는 어디까지나 짐작이다. 그러나

(2)+(3)+(4)-(5)-(6)=(7)이다. 여기서 (7)은 정부의 재정 적자에 나타나는 순(純)감소이며, 이는 2+2=4만큼이나 명백한 진리이다. 이 방정식에 들어가는 다양한 항목의 숫자 크기 외에 합리적으로 따지고 들 것은 하나도 없다. 예를 들어, 어떤 사람들은 (6)번 항에서 감소 대신에 증가가 일어날 수 있다고 주장할 수 있으며, 나의 판단에 그다지 합리적이지 않아 보이지만, 어쨌든 이 항목에서 큰 폭의 증가가 일어난다면, 제안된 정책이 그 효율성을 널리 알리게 될 것이다.

현재 모든 정부는 큰 규모의 적자를 안고 있다. 지금처럼 아주 심각한 불경기를 맞고 있는 상황에서 정부의 이런저런 차입은 경영 손실이 생산을 정지시킬 만큼 커지지 않도록 막는 자연의 치료책이기 때문이다. 정부의 차입이 자본 사업에 투입된다면, 정부 차입이 연금(혹은 참전 군인들의 수당)으로 지출되는 것보다 모든 면에서 훨씬 더 낫다. 그러나 불황이 지금과 같은 규모로 계속되는 한, 영국이 갖고 있는, 유일하게 효과적인 선택은 정부 차입이며, 이런저런 목적을 위해서 정부의 차입(또는 같은 효과를 발휘하는 감채기금의 축소)은 실질적으로 불가피하다.

그렇다고 영국이 스스로 노력할 수 있는 다른 길이 없다는 말은 아니다. 여기서 나는 예를 들어 관세나 파운드화의 평가 절하, 혹은 모든 화폐 소득의 축소를 위한 일종의 '국민 조약' 같은 것에는 관심을 두지 않고 있다. 나는 단지 경제위원회가 재정 적자를 줄이기 위한 수단으로 권고하는 사항들이 채택될 경우에 예상되는 결과만을 분석하고 있다.

오해를 막기 위해, 나는 관세 이외의 대부분의 추가 과세보다는 위원회의 일부 권고사항을 선호해야 한다는 점을 덧붙여야 한다. 또 위원회의 위원들이 공정한 정신에서 능력을 최대한 발휘하면서 맡은 일을 세세하게 처리했다는 점을 높이 평가해야 한다.

나 자신의 예산 정책은 불황이 계속되는 한 감채기금의 적립을 정지시키고, 실업 기금을 위해 차입을 계속하고, 수입 관세를 물리는 것이다. 영국은 불황에서 빠져나오기 위해 다른 방편으로도 눈을 돌려야 한다. 불황이 끝날 때, 따라서 신규 자본에 대한 사기업의 수요가 정상을 회복하고, 고용이 좋아지고, 세금 수입이 증가할 때, 그때 감채기금을 복원시키고 생산성이 낮은 국가의 사업을 비판적인 시각으로 보면 된다.

3) 경제 법안(1931년 9월 19일)

예산 및 경제 법안(Budget and the Economy Bill)은 허점과 불공정으로 가득하다. 자신을 진정으로 희생하면서 좋은 결과를 소망하고 있는 많은 영국인들의 도덕적 에너지와 열정을 그런 식으로 엉뚱한 방향으로 돌리고 있는 것은 참으로 불행한 일이다.

비상 상황에 대처하려면, 국가 정책의 목표는 먼저 무역 수지를 개선하는 것이어야 하고, 그 다음으로 세금 수입과 정상적인 예산 지출이 균형을 잡도록 하는 것이어야 한다. 그 방법도 산출을 줄이는 쪽이 아니라, 산출을 늘려서 국민소득과 세금 수입을 늘리는 한편으로 사회 정의의 원칙을 존중할 수 있는 것이어야 한다.

영국 정부의 실제 정책은 이 모든 기준에서 실패하고 있다. 정부 정책은 무역수지에 거의 영향을 미치지 못할 것이며, 대신에 실업을 크게 증가시키고 소득을 낮출 것이다. 또 정부 정책은 나의 판단엔 정의의 원칙을 상상조차 할 수 없을 만큼 심각하게 훼손시키고 있다.

정의의 원칙부터 먼저 논하도록 하자. 부유한 사람들의 수입은 2.5% 내지 3.5% 삭감되었다. 그러나 학교 선생들은 15%나 삭감되었다. 게다가 선생들은 특별 세금까지 부담해야 한다. 단지 선생들이 정부의 피고용자라는 이유로, 선생들만을 특별히 골라서 차별하는 것은 무시무시한 일이다. 최근에 자질이 우수한 사람들에게 기대감을 품게 만들면서 그들을 대거 교사직으로 끌어들이려는 노력이 전개되었기 때문에, 이런 조치는 특별히 더 충격적이다.

심지어 기존 계약을 파기할 권리까지 제안되고 있다. 학교 선생들이 재정의 희생자로 유일하게 선택되었다는 사실은 각료들이 무책임하고 히스테리 증세를 보이고 있다는 점을 뒷받침하고 있다. 교사들의 임금 삭감을 불가피한 것으로 제시하는 것은 도저히 있을 수 없는 일이다.

선생들을 대상으로 아낄 수 있는 돈은 600만 파운드이다. 그런 한편 3,200만 파운드가 감채기금으로 돌아갈 것이고, 차와 설탕, 관세는 아직 수입원으로 이용되지 않고 있다.

총리는 이에 대해 어떤 변명도 내놓지 않았다. 총리의 옛 동료들 중 일부가 그 후 정신을 차린 듯 순간적으로 놀라다가 변명 비슷한 말을 한 것을 제외한다면, 현재의 조치에 대해 제대로 된 설명조차 없었다.

학교 선생들의 임금 삭감 계획이 불공정을 보여주는 가장 두드러진 예이다. 그러나 정부 공무원의 수준에 대한 모든 공격에는 정도만 다를 뿐 그와 똑같은 생각이 작용하고 있다. 국가를 위해 일하는 사람들을 다루는 것이 가장 만만하다는 이유로 그들을 차별하는 것은 옳지 못하다. 게다가 "희생의 평등"이라는 표현까지 쓰는 것은 지나친 처사이다.

정부 프로그램은 잘못되었을 뿐만 아니라 바보스럽기까지 하다. 정부 프로그램이 고용에 끼치는 직접적 효과는 재앙에 가까울 것이다. 실업자의 수를 10% 이상 늘릴 것이고, 따라서 그 만큼 실업 수당이 깎일 것이라고 예측하면 거의 틀림이 없을 것이다. 그 같은 조치는 개인 투자의 붕괴에 따른 영향을 약화시키기 위해 지금까지 취한 모든 부분적인 시도들을 무모하게 뒤엎어버리는 것이다. 그것은 또한 소위 가장 극단적인 형태의 "재무부 견해"(Treasury View: 정부의 재정 정책은 경제 불황기에도 경제 활동과 실업 규모에 전혀 영향을 미치지 않는다는 견해를 말한다. 1930년대 영국 재무부가 이런 입장을 고수했다/옮긴이)에 승리를 안겨주는 것이다. 구매력이 줄어들 뿐만 아니라, 도로 건설과 주택 건설 같은 것도 삭감될 것이다. 지방 정부도 중앙 정부의 예를 따르게 되어 있다.

만약 이 모든 것들을 초래할 이론이 받아들여진다면, 자신의 감자를 직접 경작하는 행복한 소수를 제외하곤 아무도 고용되지 못하는 결과가 나타날 것이다. 이는 우리 모두가 경제적인 이유로 다른 사람의 서비스를 구입할 수 없게 되는 탓에 나타나는 현상일 것이다. 현 상황에서, 감채 기금을 유지하기 위해서 도로 기금을 공격하는 것은 미친 정책이다.

마지막으로 무역 수지의 문제가 있다. 이 문제는 비상 상황인 한 어쨌든 중요한 문제이다. 대략적으로 말하면, 생산비는 변하지 않는다. 학교 선생들의 임금을 깎는 것은 영국이 세계 시장을 되찾는 데 도움이 되지 않는다. 정부의 직접 통제 하에 있는 선생들의 임금과 비슷한 것들은 삭감해 봐야 수출 무역에 거의 도움이 되지 않는다.

이 모든 조치가 근로자들의 임금에 대한 전반적인 공격을 위한 준비 단계라고 말하는 것은 사악한 오해라는 소리가 들린다. 그럼에도 그런 말이 오해가 아니라면, 그 같은 조치는 더 터무니없다.

한편, 정부는 생산 비용을 높일 조치가 한 가지 있다는 것을 알아차렸다. 고용주들의 보험료 부담을 높이는 것이다. 고용주들이 부담하는 보험료는 사실상 고용에 대한 인두세나 다름없다. 그래서 정부는 스스로 상당히 미쳤다는 점을 확실히 증명하기 위해서 고용주들의 보험료 부담을 높이기로 결정했다.

그 정부 계획이 무역 수지를 도울 수 있는 길은 두 가지뿐이다. 일자리에서 쫓겨나거나 다른 길로 가난해지는 사람은 누구나 부득이하게 소비를 줄일 수밖에 없다. 이런 식으로 줄어든 소비의 대부분은 다른 영국인에게 경영 손실과 실직을 안길 것이다. 그러나 소비 감소 중 일부, 아마 5분의 1정도는 수입 감소로 나타날 것이다. 만약에 수입 감소가 수출 감소로 이어질 것이라고 생각하는 자유 무역 업자들의 판단이 옳다면, 수입 감소마저도 무역 수지에 도움이 되지 않을 것이다. 그러나 그것은 수입 축소라는 과제를 부정적으로 성취하는 한 방법이다.

다른 한 가지 길은 실업의 규모와 실업 상태에 따른 고통을 강화하는 방법이다. 이 방법이 근로자들이 임금 삭감을 받아들일 가능성을 약간 더 높이기 때문이다.

경제 법안은 자원을 푸는 외에 다른 어떤 목적이나 의미를 가질 수 없다. 이런 식으로 풀린 자원 중 작은 일부는 무역수지를 개선시킬 것이다. 나머지 자원은 국내의 플랜트와 노동 자원일 것인데, 영국은 국내 플랜트와 노동에서는 이미 잉여를 보이고 있다.

따라서 국민들에게 지나치게 많은 것을 감수할 것을 요구하고 있는 정부의 계획은 대개 그릇된 방향을 향하고 있으며, 영국이 당면한 두 가지 문제, 즉 실업과 무역 적자의 해소에 도움이 되지 않을 것이다.

무역 적자 해소에 대해 말하자면, 이 문제는 해결하지 않을 경우에 가까운 장래에 금본위제를 깨뜨릴 것이다. 선생들의 임금을 아예 제로로 삭감하더라도 무역 적자 해소에는 도움이 되지 않는다. 우리에게 열려 있는 해결책은 파운드화 평가 절하, 직접적 방법을 통한 수입의 급격한 제한, 임금과 월급의 30% 이상 삭감, 국제 상황의 근본적 변화 등이다.

임금에 대한 공격은 심각한 산업 투쟁을 의미할 것이며, 이 투쟁은 몇 주일 안에 '금(金)평가'(gold-parity: 금본위제도 하에서 어느 국가의 통화 한 단위에 해당하는 순금의 양을 평가하는 것을 말한다/옮긴이)를 포기하도록 만들 것이다. 그렇다면 임금 삭감은 사실상 파운드화 평가 절하의 대안이 아니다. 따라서 내각이 선택할 수 있는 정책 노선은 딱 3가지뿐이다.

가장 부드러운 첫 번째 노선은 수입을 제한하는 계획이다. 두 번째는 너무 멀리 나가지 않는 가운데 금평가에서 벗어나는 계획이다. 세 번째는 국제회의 같은 것을 계획하는 것이다.

국제회의는 지금까지 열린 어떤 회의와도 다른 종류의 활동을 의미한다. 금본위 국가들에게 마지막 기회를 주는 회의가 되어야 한다. 그 외의 모든 것은 다 시간 낭비이다.

국제회의의 이점은 이것만이 국제 상황을 개선시킬 기회를 누릴 수 있다는 점이다. 이런 장치가 마련되지 않는다면, 영국은 외국 투자에 따른 소득이 관세나 파운드화 절하로 보충할 수 없는 규모로 사라지는 것을 목격하게 될 것이다.

6장

화폐 가치의 붕괴가
은행에 미치는 영향

1931년

1년 전 경제 상황의 주요 특징으로 농업과 광산업, 운송업이 적정 이익을 내지 못하는 점과 실업 증가, 실업에 따른 생산적인 자원의 낭비가 꼽혔다. 오늘날 우리에게 심대한 걱정을 안겨주고 있는 것은 세계 곳곳의 은행들이 처한 심각한 곤경이다.

1931년 7월에 필요 이상으로 세계를 놀라게 만든 독일의 위기는 물론 정치적 사건과 정치적 공포 때문에 촉발되었지만 그 근본을 파고들면 기본적으로 금융위기였다. 나의 판단엔, 언젠가 반드시 무너지게 되어 있는, 위쪽이 지나치게 무거운 구조가 구축되었다는 사실 자체가 건전한 금융의 원칙에 위배되는 죄악이었다.

사람들은 그런 구조가 구축되는 것을 경이와 공포가 교차하는 눈으로 바라보았다. 그러나 그 구조가 붕괴하도록 만든 주요 사실은 개별 금융가들에게 책임이 없는 어떤 요인이며, 이 요인을 사전에 예측한 사람은 극히 드물었다. 그것은 바로 금화 가치의 급격한 변화와 그에 따른 부채 부담의 증가였다. 금본위제를 지키던 모든 나라에서, 채무자들은 차입금을 상환할 때 금으로 지급한다는 계약을 체결했다.

이제 논의를 본격적으로 시작하도록 하자. 자본의 부(富)를 이루는 실물 자산은 여러 가지가 있다. 건물과 비축 상품, 제조 중이거나 운송 중인 재화 등이 그런 예이다. 그러나 이런 자산을 소유한 사람들은 그것을 실제로 소유하기 위해 돈을 자주 빌린다. 이 부의 실제 소유자들도 마찬가지로 실물 자산에 대해서가 아니라 돈에 대한 권리를 주장한다.

이 '금융' 중 상당 부분은 금융제도를 통해 일어난다. 그런데 금융제도는 은행에 돈을 빌려준 예금자와, 실물 자산을 구입하기 위해 은행에서 돈을 빌리는 은행 고객들 사이에서 보증인의 역할을 한다.

실물 자산과 부의 소유자 사이에 돈이라는 장막을 치는 것이 현대 세계의 두드러진 한 특징이다. 부분적으로 최근 들어 선도적인 금융제도에 대한 신뢰가 점점 커진 결과, 이 관행은 가공할 만큼 확장되었다. 예를 들어, 미국의 은행 예금을 모두 합하면 자그마치 500억 달러에 달한다. 영국은 20억 파운드로 집계된다. 이 외에 개인들이 지고 있는 모기지 부채도 엄청난 규모이다. 공채 발행액도 아주 크다.

이 분야에서 쓰이고 있는 용어들은 이제 보편적이라고 해도 좋을 만큼 익숙하다. 사람들은 또 화폐 가치의 변화가 돈에 대한 소유권을 주장하는 사람과 돈을 갚아야 하는 사람 사이의 상대적 위치를 완전히 뒤흔들어 놓을 수 있다는 이론에도 익숙해졌다. 물론 돈의 소유권의 가치가 높아지는 것이나 마찬가지인 물가 하락이 곧 채무자로부터 채권자에게로 실질적인 부가 넘어가는 것을 의미하기 때문이다. 그러면 실물 자산 중에서 보다 큰 몫이 예금주의 소유가 되고, 작은 몫이 그것을 사기 위해 은행에서 돈을 빌린 명목상 소유자의 것이 된다. 물가의 변화가 상황을 완전히 뒤집어 놓는 원인 중 하나가 바로 이것이라는 점을 우리 모두는 잘 알고 있다.

그러나 내가 독자들에게 관심을 가져 달라고 요구하는 것은 이처럼 익숙한 물가 하락의 특징이 아니다. 이보다 조금 더 차원이 높은 특징이다. 이 특징은 평소엔 무시해도 별 문제가 되지 않지만 돈의 가치 변화가 아주 크게 일어날 때에는 대단히 중요해진다.

과거에 자주 경험한 바와 같이, 돈의 가치가 조금 변동하는 것은 예금주와 채무자 사이에 보증을 선 은행들에게 치명적인 고민거리가 되지 않는다. 이유는 은행들이 편리하게 "마진"이라는 것을 제시함으로써 사전에 특정 자산과 전반적인 실물 자산의 가치에 어느 정도의 변동을 인정하고 있기 때문이다. 말하자면, 은행들은 차용자가 제공하는 "담보"의 일정 비율까지만 대출하는 것이다. 경험이 축적되다 보면, 은행은 일상적인 상황에서 어느 정도 안전한 것으로 여겨지는 대출 한도를 정할 수 있게 된다.

물론 "마진"은 융자마다 다 다를 것이다. 그러나 시장에 내다팔 수 있는 자산에 대한 한도를 70%에서 80% 사이로 정하면 적절한 것으로 여겨지며, 50%로 정하면 매우 보수적인 것으로 받아들여진다. 이런 식으로 자금을 운용하기 때문에, 자산의 화폐 가치가 떨어지더라도 이 수치의 범위 안에 있기만 하면, 은행의 입장에서 별로 문제가 되지 않는다. 은행들은 대차대조표 한 쪽에 예금주에 대한 채무를 적고, 반대쪽에 차용자에게 받을 금액을 적는다. 장부에 적힌 돈의 가치가 정확히 어느 정도인가 하는 문제는 은행들에게 결정적인 관심사가 아니다.

그러나 자산의 화폐 가치가 짧은 기간에 전통적인 "마진"을 훨씬 초과하여 떨어질 때 어떤 일이 벌어질지 한번 생각해보라. 은행이 공포에 떨 사태가 순식간에 벌어지게 된다. 다행히도, 이런 일은 극히 드물다. 아주 특별한 사건에 해당한다. 1931년까지 이런 일은 한 번도 일어나지 않았다.

인플레이션이 심한 나라들에서 자산의 화폐 가치는 계속 높아지기만 했다. 그러나 인플레이션은 다른 방향으로 아무리 막심한 피해를 입힐지라도 은행의 지위엔 전혀 아무런 위협이 되지 않았다. 왜냐하면 그것이 은행들의 "마진" 액수를 높였기 때문이다.

1921년의 불황 때에도 자산의 화폐 가치가 상당히 하락했다. 그러나 그것은 그 전 몇 개월 혹은 몇 주일 동안 예외적으로 높은 수준을 유지했던 가치에서 떨어진 것에 지나지 않았다. 그래서 그렇게 높은 가치를 바탕으로 나간 은행 대출의 비중은 극히 작았고, 이 높은 가치는 신뢰를 얻을 만큼 오래 지속되지 않았다. 그 전에는 우리가 지난 2년 동안 경험한 것처럼 거의 전 분야에 걸쳐 실물 자산의 화폐 가치가 전 세계적으로 붕괴하는 현상은 전혀 없었다. 그러다 지난 몇 개월 사이에 실물 자산의 화폐 가치가 전통적인 "마진"을 넘어서까지 폭락하기에 이른 것이다. 시장의 언어를 빌리면, "마진"이 사라져버린 것이다.

너무나 최근의 일이어서 금융가들마저도 아직 사태의 본질을 제대로 파악하지 못하고 있는 형편이다. 어떤 특별한 사건, 이를테면 대형 사고가 터져서 위험한 상황이 전개되지 않는 이상 이 사건의 정확한 디테일은 외부인의 눈에 띄기 어렵다. 은행이 침묵한 채 더 나아질 때를 기다리면서 대출의 많은 부분이 더 이상 처음만큼 안전하지 않다는 사실을 애써 무시하는 한 표면적으로 나타나는 것은 전혀 없으며, 따라서 공포를 느낄 이유가 전혀 없기 때문이다.

그럼에도, 이 단계에서조차도 은행의 조심스런 입장이 신규 사업에 매우 부정적인 영향을 미칠 가능성이 크다. 은행들이 대출 중 상당 부분이 사실상 '동결'된 상태에서 신규 대출의 잠재적 위험성을 더 강하게 의식할 것이기 때문이다. 은행의 이런 자세는 눈이 띄지 않는 온갖 방식으로 새로운 사업에 영향을 미치기 마련이다. 이는 곧 은행들이 자신들의 자원을 묶을 위험이 있는 프로젝트라면 어떤 것이든 대출을 꺼리게 된다는 것을 의미한다.

내가 독자들에게 관심을 기울여달라고 부탁한 그 요인의 양적 중요성을 평가하면서, 이젠 다양한 종류의 자산의 가격에 어떤 일이 벌어졌는지를 고려해야 할 때이다.

먼저 국제 교역에서 큰 비중을 차지하는 원료와 식량이 있다. 이 품목들은 은행에 대단히 중요하다. 이 품목의 비축 중 대부분이 창고에 있든, 운송 중이든, 반쯤 제작된 상태든, 재고로 남아 있든 은행의 금융을 통해 이뤄지기 때문이다. 그러나 이것은 어디까지나 평균일 뿐이다. 은행들은 이 고객의 안전과 저 고객의 안전을 갖고 평균을 낼 수 없다. 상업적으로 매우 중요한 품목 중에서 가격이 40%에서 50% 이상 떨어진 품목이 많다.

다음에는 세계의 증권거래소에서 시장을 주도하는 역할을 맡고 있는 대기업들의 보통주가 있다. 대부분의 국가에서 이 주식들의 평균 하락폭이 40%에서 50%에 달한다. 여기서도 다시 말하지만 이것도 평균에 지나지 않는다. 이는 곧 개별 주식을 따지면 심지어 2년 전에 우량주로 여겨졌던 주식마저도 그 이상 떨어졌을 수 있다는 뜻이다.

이제는 채권과 확정이자부 유가증권을 보도록 하자. 등급이 매우 높은 채권은 약간 오르거나 최악의 경우에도 5% 이상 떨어지지 않았다. 이것이 다른 분야의 손실을 어느 정도 상쇄해 주는 역할을 했다. 그러나 그렇게 높은 등급은 아니었지만 그래도 양호했고 지금도 양호한 다른 확정이자부 유가증권은 10%에서 15% 떨어졌다.

한편, 외국 정부의 공채는 잘 알려진 대로 엄청난 폭락을 겪었다. 공채의 하락폭이 상대적으로 조금 작았다 하더라도 그 심각성에는 별로 차이가 없다. 이유는 영국에서는 그렇지 않지만 그런 공채를 소유한 기관이 은행일 때가 자주 있는데, 공채의 경우엔 은행을 손실로부터 보호해 줄 "마진"이 전혀 없기 때문이다.

상품과 유가증권의 가격 하락은 대체로 말해 대부분의 나라들에게 비슷하게 영향을 미쳤다. 재산의 다음 범주인 부동산의 경우엔 나라마다 처한 현실이 다 다르다. 영국과 프랑스의 안정성을 뒷받침하는 중요한 한 요소는 바로 부동산 가격의 지속적 견실성이다. 이 분야에선 지금까지 불황이 한 번도 없었다. 그 결과, 모기지 사업이 건전하고, 부동산을 담보로 한 대출의 대부분이 손실을 입지 않았다.

그러나 다른 많은 국가들에서는 불황이 이 종류의 재산에도 타격을 입혔다. 특히 미국에서 농장의 가치가 추락했고, 도시의 현대식 건물도 가치 하락을 겪었다. 도시의 건물 중에서 시세가 원래 건축비의 60%에서 70%에 지나지 않는 것이 수두룩하다. 그보다 더 떨어진 건물도 심심찮게 보인다.

이런 현상은 현재 각국의 문제를 심각하게 악화시키고 있다. 이유는 그런 건물의 건축에 드는 비용이 어마어마할 뿐만 아니라 그런 재산은 원래 위험으로부터 상대적으로 자유로운 것으로 평가받아 왔기 때문이다.

마지막으로, 은행들이 고객들의 사업을 위해 내준 대출이 있다. 많은 경우 이 대출이 최악의 처지에 놓여 있다. 이 대출의 담보는 융자 대상이 된 사업이 실제로 일군 이익이나 장래 예상되는 이익이다. 현재와 같은 상황에서 사태가 신속하게 개선되지 않는다면 원료 생산업자들과 농부들, 제조업자들 중 상당수는 전혀 이익을 내지 못하거나 파산을 맞게 되어 있다.

지금까지 한 양적 평가를 요약하면 이렇다. 공동체의 번영에 아주 중요하고 유익한 다양한 형태의 재산 중에서, 부동산을 제외하고는 현재의 가치가 사상 유례가 없는 폭으로 떨어지지 않은 것은 거의 없다. 내가 말한 것처럼, 금융제도가 잘 조직되어 있어서 실물 자산과 부(富)의 소유자 사이에 화폐라는 베일이 쳐진 나라에서 이런 사태가 벌어졌다.

실물 자산의 명목상 소유자는 부의 실제 소유자로부터 돈을 빌림으로써 그 자산을 살 자금을 조달했다. 게다가, 이 모든 것이 대부분 은행 시스템을 통해 처리된다. 말하자면 은행들이 보수를 받고 둘 사이에 보증인 약할을 한 것이다.

은행들은 차용자와 대출자 사이에 선다. 은행들은 대출자에게 보증을 제공한다. 이 보증은 차입자의 소유로 되어 있는 자산의 화폐 가치가 그 자산을 담보로 해서 빌려준 돈의 가치만큼 되는 한에서만 유효하다.

지금 영국이 경험하고 있는 바와 같이, 심각한 화폐 가치의 하락이 전체 금융 구조의 건전성을 위협하는 것도 바로 이런 이유 때문이다. 은행들과 금융가들은 본래 앞을 잘 보지 못한다. 그들은 자기 코앞으로 다가오는 위험까지도 보지 않았다.

은행과 금융가들 중 일부는 심지어 물가 하락을 환영하기도 했다. 순진하게도, 그들의 눈에는 전쟁 전의 물가 수준으로 떨어지는 현상이 불가피하고, 정당하고, 당연한 것으로 보였다. 전쟁 전이 그들의 삶이 형성되던 시기라서 그때의 물가 수준에 익숙해서 그랬는지도 모를 일이다.

미국에서는 금융가들 일부가 소위 '경제학자'라는 사람들을 고용했다. 그런데 학자라는 이들이 오늘까지도 현재의 문제는 일부 제품과 서비스의 가격이 아직 충분히 떨어지지 않아 생긴 것이라는 식의 분석을 내놓고 있다. 그렇게 되면 자신들이 소속된 은행의 지불 능력에 큰 위협이 된다는 사실은 무시한 채 말이다. 정말 슬프게도, '건전한' 은행가는 위험을 미리 예측하고 그것을 피하는 사람이 아니라 다른 동료들과 함께 장렬히 몰락하는 사람이다. 그러면 아무도 그를 비난하지 않을 테니까.

그러나 오늘날 금융가들은 마침내 심각성에 주목하기 시작했다. 많은 나라에서 금융가들은 고객들의 대출 한도가 의미를 잃게 되면 그들 자신이 손해를 뒤집어쓸 수 있다는 사실을 떨떠름한 마음으로 자각하게 되었다.

만약에 현재 의문스런 자산을 모두 엄격한 기준으로 다시 평가한다면, 세계의 은행 중 상당수가 지불 불능의 상태에 빠질 것이라고 나는 믿는다. 디플레이션이 조금 더 진행되면, 지급 불능 상태에 빠질 은행의 비중이 급속도로 늘어날 것이다.

다행히도, 영국 은행들은 현재 여러 가지 이유로 가장 튼튼한 은행에 포함될 것이다. 그러나 어떤 은행도 버텨내지 못할 정도의 디플레이션도 가능하다. 그리고 세계의 많은 지역에서 은행들의 상황이 대중의 눈으로부터 부분적으로 숨겨져 있음에도 불구하고 전체 상황에서 사실상 가장 취약한 요소일 수 있다. 미국의 은행도 예외가 아니다.

현재의 추세가 지속되면 무엇인가가 반드시 터지게 되어 있다. 아무 조치를 취하지 않고 그냥 내버려두면, 정말 결정적인 폭발이 일어날 곳은 세계의 은행들이다.

내가 볼 때, 현대 자본주의는 지금 과거 수준으로 화폐의 가치를 높일 길을 찾든가, 아니면 광범위한 파산과 채무 불이행과 금융 구조의 붕괴를 목격하든가 둘 중 하나를 선택해야 하는 기로에 서 있다. 이 선택이 이뤄진 뒤, 우리 모두는 다시 시작해야 한다. 그래도 우리가 예상하는 것처럼 그렇게 빈곤해지지 않을 것이다. 오히려 훨씬 더 활기찬 모습이 펼쳐질 것이다. 그러나 낭비와 혼란, 사회적 불공평, 개인 재산과 부의 소유가 전반적으로 개편되는 시기를 겪어야 한다. 집단적인 차원에서는 우리가 전보다 더 나아지겠지만, 개인적 차원에서 보면 많은 사람이 '몰락할' 것이다. 그러나 곤경과 흥분이 압박을 가하는 가운데서, 우리가 문제를 보다 잘 관리할 수 있는 길을 발견할 수 있을지도 모른다.

현재의 조짐들을 보면 세계의 은행가들이 자멸의 길을 택한 것처럼 느껴진다. 은행가들은 고비마다 과감한 치유책을 택하기를 꺼리고 있다. 그 결과, 지금은 사태가 너무 심각해진 나머지 곤경에서 탈출할 수 있는 길을 찾는 것이 매우 어렵게 되어 버렸다.

외양을 중요시하고 인간적인 범위 그 이상으로 사회적 체면을 고집하는 것이 은행가의 직분 중 하나이다. 그런 버릇을 평생 실천하다 보니 은행가들이 사람들 중에서 가장 낭만적이고 가장 현실성이 떨어지는 존재가 되어 버렸다. 자신들의 입장이 의문의 대상이 되어서는 안 된다는 인식이 몸에 밴 나머지, 은행가들은 자신의 입장에 대해 스스로 생각해 보는 시간도 갖지 않는다. 그러다 은행가들이 자신의 입장에 대해 자문할 때엔 이미 시간이 너무 늦어버린 뒤이다. 위험이 깊어질 때면 그들은 마치 정직한 시민인 양 자신이 몸담고 사는 사악한 세상의 위험에 분개한다. 그러나 은행가들은 그 위험을 절대로 미리 알아차리지는 못한다.

파트 III

정치

1장

러시아에 대한 견해

1925년

1)공산주의 신앙은 무엇인가?

레닌주의는 유럽인들이 몇 세기 동안 영혼의 서로 다른 구획 안에 간직해왔던 두 가지 요소, 즉 종교와 산업을 결합한 것이다. 서구 사람들은 이 종교가 새로운 것이라는 사실 때문에 충격을 받고 있으며, 또 이 종교를 지배하지 않고 거꾸로 이 종교에 종속되어 있는 산업이 대단히 비효율적이라는 점 때문에 경멸을 표하고 있다.

다른 신흥 종교들처럼, 레닌주의는 그 힘을 대중이 아니라 소수의 열정적인 개종자들로부터 끌어내고 있으며, 이 개종자들은 열성과 불관용의 정신에서 서로를 동등한 존재로 대하고 있다. 다른 신흥 종교들처럼, 레닌주의는 진심인 것처럼 보이는 새로운 정신과, 추종자들보다 훨씬 더 많은 것을 보는 능력을 정교하게 결합시킬 줄 아는 사람들에 의해 주도되고 있다. 여기서 말하는 추종자들이란 정치적으로 냉소적인 사고방식을 적어도 평균 이상 가진 정치인들을 뜻한다. 이들은 눈살을 찌푸릴 줄도 알 뿐만 아니라 웃을 줄도 아는, 경박한 실험주의자들이며, 종교에 의해 진실과 자비로부터 놓여났으나 사실들과 편의를 무시하지 않는 사람들이며, 그래서 위선자라는 비난(세속의 정치인이든 교회의 정치인이든 불문하고 정치인들에 관한 한 피상적이고 헛된 것이긴 하지만)을 들을 소지가 있다.

다른 신흥 종교들처럼, 레닌주의는 사람들에게 일상의 삶에서 색깔과 명랑, 자유를 배제하고 대신에 경건한 신자의 활기 없는 표정을 지을 것을 요구한다. 다른 신흥 종교들처럼, 레닌주의는 적극적으로 저항하는 사람들을 부당하게 박해한다. 다른 신흥 종교들처럼, 레닌주의는 비양심적이다. 다른 신흥 종교들처럼, 레닌주의는 전 세계로 퍼뜨리려는 선교 열정을 강하게 보인다.

그러나 레닌주의를 두고 위선자들의 주도로 박해하고 선전하는, 소수 광신자들의 신앙이라고 말하는 것은 결국 레닌주의가 단순히 하나의 당이 아니라 종교라고, 또 레닌은 비스마르크(Otto von Bismarck) 같은 사람이 아니라 마호메트(Mahomet) 같은 사람이라고 말하는 것이나 마찬가지이다.

자본주의라는 안락의자에 앉아서 혹시라도 스스로 놀라고 싶은 사람이 있다면, 러시아의 공산주의자들을 이런 존재로 그려보길 바란다. 아틸라(Attila: 406?~453: 중부 유럽과 동부 유럽을 지배한 훈족 최후의 왕/옮긴이)가 이끄는 초기 기독교인들이 '신약성경'에 묘사된 경제학을 강제하기 위해 종교재판과 예수회 선교를 이용한다고 상상해 보라. 그러면 러시아 공산주의자들의 정체가 분명히 드러날 것이다.

하지만 똑같은 안락의자에 앉아서 편안한 마음을 갖기를 원할 때, 우리는 이 경제학이 다행히도 인간의 본성에 너무나 뚜렷이 반하기 때문에 러시아 공산주의자들이 선교사나 군대를 보낼 돈이 없어서 결국엔 패배하고 말 것이라고 생각해도 좋을까?

대답해야 할 질문이 3가지 있다. 새로운 종교는 부분적으로 진리이거나 현대인의 영혼에 공감을 불러일으키고 있는가? 새로운 종교는 살아남지 못할 만큼 물질적인 측면이 비효율적인가? 새로운 종교는 시간이 지나면서 충분히 희석되고 불순물이 더해지면 대중의 마음을 사로잡을 수 있을까?

첫 번째 질문에 대해 말하자면, 기독교 자본주의에 절대적으로 만족하는 사람이나 다른 명분에 의해 수정되지 않은 이기적인 자본주의에 전적으로 만족하는 사람은 이 질문에 대한 대답에 조금도 망설이지 않을 것이다. 그들은 이미 종교를 갖고 있거나 종교를 전혀 필요로 하지 않기 때문이다. 그러나 종교가 없는 이 시대의 많은 사람들은 단순히 옛날의 것을 재연하는 것이 아니고 정말로 새로운 종교라면 감정적 호기심을 강하게 느끼게 되어 있을 뿐만 아니라 그런 종교의 원동력이 될 수 있다는 점을 증명해 보였다.

이 새로운 것이 유럽의 가족 중에서 아름다우면서도 어리석은 막내인 러시아에서 비롯되는 경우에 그런 현상은 더욱 두드러진다. 머리에 아직 머리카락이 남아 있고, 서구의 대머리 형제들에 비해 땅과 하늘 모두에 더 가까이 서 있는 러시아는 2세기나 늦게 태어난 까닭에 젊음의 천재성을 잃거나 안락과 습관에 중독되기 전에, 중년이 된 유럽 가족의 나머지 구성원들이 환멸을 느끼고 있다는 사실을 알아차릴 수 있었다. 나는 소비에트 러시아에서 선한 무엇인가를 찾는 사람들의 마음에 공감한다.

그러나 공산주의를 실제로 직시할 때, 그것을 어떻게 평가해야 할까? 종교의 공포에 주눅들지 않은 가운데 두려워할 게 하나도 없는 그런 자유로운 분위기에서 성장한 나로서, 공산주의 러시아는 증오해야 할 것을 너무나 많이 갖고 있다. 안락과 버릇을 버릴 준비는 되어 있을지라도, 나는 일상생활의 자유와 안전을 파괴하는 문제에 신경을 쓰지 않고 또 박해와 파괴, 국제 분쟁을 무기로 이용하는 신념을 받아들일 준비는 되어 있지 않다. 자국 내의 모든 가족과 집단에 스파이를 심고 해외에서 분쟁을 일으키는 일에 돈을 많이

들이는 그런 특징을 보이는 정책을 내가 어떻게 동경할 수 있겠는가? 아마 러시아 공산주의는 다른 정부들의 탐욕스럽고 호전적이고 제국주의적인 성향에 비해 절대로 더 나쁘지 않을 것이고 더 많은 목적을 갖고 있을 것이다. 그러나 내가 상투적인 것에서 벗어나도록 하기 위해선, 러시아 공산주의는 이런 것들보다 월등히 더 훌륭해야만 한다.

내가 알기로 과학적으로 오류투성이일 뿐만 아니라 현대 세계에 적용될 수도 없고 또 현대 세계에 관심도 없는 그런 시대에 뒤떨어진 경제학 교과서들을 비판의 대상이 될 수 없는 경전으로 떠받드는 원리를 내가 어떻게 받아들일 수 있겠는가? 물고기보다 진창을 더 선호하면서, 혹여 어떤 잘못을 저질렀다 할지라도 분명 삶의 질을 상징하고 또 인간의 모든 발전의 씨앗을 품고 있는 부르주아지와 인텔리겐치아보다 촌스러운 프롤레타리아트를 더 높이 찬양하는 신념을 내가 어떻게 채택할 수 있겠는가? 인간이 아무리 종교를 필요로 한다고 한들, 우리가 어떻게 공산주의 서적을 파는 서점의 잡동사니 속에서 종교를 발견할 수 있겠는가? 교육 받고 건전하고 지적인 서유럽의 아들이 먼저 자신의 모든 가치들을 바꿔놓을 이상하고 무서운 개종의 과정을 거치지 않는다면, 서유럽의 아들은 공산주의에서 이상(理想)을 발견하기 어렵다.

그럼에도 만약 이 선에서 멈춘다면, 우리는 이 신흥 종교의 핵심을 놓치고 말 것이다. 공산주의자는 이 모든 것들이 자신의 최종적 신앙에 속하는 것이 아니라 혁명 전략에 속한다고 대답할 것이다. 공산주의자들은 두 가지를 믿고 있다. 이 지구 위에 어떤 새로운 질서를 도입하고, 그것을 이루는 유일한 수단으로 혁명의 방법을 믿고 있다. 새로운 질서는 혁명의 공포나 과도기의 몰수에 의해 판단되어서는 안 되며, 혁명은 목적에 의해 정당화되는 수단의 대표적인 예라는 것이 공산주의자들의 인식이다. 혁명군은 목적 자체가 아니라 목적을 이루는 수단으로서, 비양심적이고 무자비한 존재가 되고 안전이나 즐거움 없는 삶을 받아들임으로써 스스로 고통을 감수하고 자신의 인간적인 본성을 희생시킬 수 있어야 한다는 것이다.

그렇다면 이 지구에 확립할 새로운 질서로서 새로운 종교의 핵심은 무엇인가? 밖에서 보아서는 핵심이 분명하게 보이지 않는다. 간혹 이 신흥 종교의 대변자들은 현대 자본주의를 두고 물질적이고 기술적이라고 말하는 것과 똑같은 의미에서 공산주의도 순수하게 물질적이고 기술적이라는 식으로 말한다. 말하자면, 자본주의가 제공하는 것과 똑같은 물질적인 경제적 혜택을 확보하는 데 있어서 장기적으로 보면 공산주의가 자본주의보다 훨씬 더 탁월한 기술적 도구이고, 또 시간이 지나면 공산주의가 들판이 더 많은 곡식을 산출하도록 만들고 자연의 힘들이 더 효율적으로 작동하도록 만들 수 있다는 주장이다. 이런 경우엔 거기에 종교는 전혀 없다. 보다 훌륭한 경제적 기술이 될 수도 있고 되지 않을 수도 있는 것으로 변화하도록 몰아붙이려는 허풍만 있을 뿐이다.

그러나 나는 그런 식의 공론(空論)이 사실 서구에서 시작되고 있는 경제적 비능률에 대한 비판을 반박하는 것일 뿐이며, 러시아 공산주의의 핵심에는 인간에 대한 관심을 반영하는 무엇인가가 있는 것이 아닌가 하고 의심하고 있다.

한 가지 측면에서, 공산주의는 아무튼 다른 유명한 종교들을 따르고 있다. 공산주의는 보통 사람을 높이 찬양하고 최고로 떠받든다. 이 부분에선 새로운 것이 전혀 없다. 그러나 공산주의에는 또 다른 요인이 한 가지 있다. 새로운 것은 아니지만, 그럼에도 불구하고 변화된 형태와 새로운 환경에서, 진정한 종교 같은 것이 존재할 수 있다면 미래의 진정한 종교에 무엇인가를 기여할 수 있는 요인이다. 레닌주의는 초자연적인 것을 전혀 내세우지 않고 있으며, 감정적 및 윤리적 핵심에 돈을 대하는 개인 및 공동체의 태도가 자리 잡고 있다.

러시아 공산주의가 인간 본성을 변화시키거나 변화시키는 쪽을 추구하고 있다는 뜻은 아니다. 또 러시아 공산주의가 유대인을 예전보다 덜 탐욕스런 존재로 만들거나 러시아인을 덜 낭비하는 존재로 만든다는 뜻도 아니다. 단지 공산주의가 새로운 이상을 내세우고 있다는 뜻일 뿐이다. 공산주의가 인간의 행동에 영향을 미치는 금전적 동기가 상대적 중요성을 지니는 것으로 바꿔놓을 그런 사회의 틀을 구축하려고 노력하고 있다는 뜻이다. 공산주의가 구축하려는 사회에서는, 사회적 칭송이 예전과 다른 방식으로 분배될 것이고 또 예전에 정상으로 평가 받고 존경 받았던 행동이 정상적인 것도 아니고 존경 받을 만한 것도 아니게 될 것이다.

영국에서 오늘날 재능 있고 도덕적인 젊은이는 사회로 진출할 때 공무원이 될 것인지 아니면 상업 쪽에서 돈을 추구할 것인지를 놓고 저울질을 한다. 젊은이가 후자를 택한다 하더라도, 여론은 그 때문에 그를 조금도 더 낮게 평가하지 않을 것이다. 최대한 큰 규모로 추구하는 돈벌이는 그 자체로 국가나 종교, 교육, 학문, 예술 등에 이바지하는 삶에 비해 사회적으로 조금도 덜 존경 받을 만한 것으로 여겨지지 있으며, 어쩌면 더 많은 존경을 받을지 모른다.

그러나 미래의 러시아에서 돈벌이를 추구하는 경력은 훌륭한 젊은이에겐 별다른 이유도 없이 그냥 어울리지 않게 될 것이다. 신사의 경력이 절도 행위나 위조, 횡령 기술을 습득하는 것과 어울리지 않는 것처럼. 영국 사회에서 돈에 대한 사랑의 여러 측면 중에서 가장 바람직하게 받아들여지는 측면까지도, 말하자면 도덕적으로 그릇되지 않은 범위 안에서 검약과 저축, 그리고 자신과 가족을 위해 재정적 안전과 독립을 확보하려는 노력조차도 그 자체로 도덕적으로 나쁜 것으로 여겨지지는 않지만 너무나 어려운 일이 될 것이며,

그러다 보니 추구할 만한 가치가 있는 일로 받아들여지지 않게 될 것이다. 모든 사람이 공동체를 위해 일해야 한다고 러시아 공산주의의 새로운 신조는 강조한다. 또 모두가 자신의 의무만 다하면, 공동체가 모든 구성원을 돌봐줄 것이라고 강조한다.

이 체제는 소득의 완전한 동일화를 의미하지 않는다. 적어도 현 단계에서는 그렇다. 소비에트 러시아에서도 보다 똑똑하고 성공적인 사람은 더 많은 소득을 올리고 다른 사람들보다 더 좋은 시간을 보낸다. 한 주에 5파운드 받는 정치위원(여기에다가 다양한 혜택을 더해야 한다. 자동차, 아파트, 발레 극장 입장권 등)은 충분히 잘 살지만 그래도 절대로 런던의 부자처럼 살지는 못한다. 한 주에 6파운드 내지 7파운드 받는 유능한 교수나 공무원(여기에다가 잡다한 부담을 제해야 한다)은 아마 프롤레타리아 계급 노동자들의 실질 소득보다 3배, 가난한 농민들의 실질 소득보다 6배 많이 번다. 일부 농민들은 다른 농민들에 비해 서너 배 부자이다. 일자리를 잃은 사람은 전체 임금은 아니지만 부분 임금을 받는다. 그러나 누구도 이 소득으로는 저축이라고 할 만한 금액을 모으지 못한다. 러시아의 물가가 비싼데다가 가파른 누진세가 적용되기 때문이다. 하루하루 살아가기도 빠듯하다. 누진세에다가 임차료를 비롯한 다른 비용을 계산하는 방식까지 좀 특이한 까닭에 1주일에 8파운드에서 10파운드를 초과하는 소득을 올리면 오히려 손해가 될 수 있다. 뇌물이나 횡령으로 걸릴 위험을 무릅쓰지 않고는 큰돈을 벌 가능성이 없다. 러시아에서도 뇌물과 횡령은 사라지지 않았을 뿐만 아니라 줄어들지도 않았다. 그러나 낭비나 본능 때문에 그런 방향으로 기웃거리는 사람은 목숨까지 내놓을 위험을 감수해야 한다.

현 단계에서 러시아 공산주의 체제는 이익을 남기고 물건을 사고 파는 것을 금지하지 않고 있다. 그들의 정책은 이런 직업들을 금지하는 것이 아니라 불안정하고 불명예스런 직업으로 만드는 쪽이다. 민간 상인은 일종의 허락된 불법자이다. 중세의 유대인처럼, 특권이나 보호를 전혀 누리지 못한다. 이 쪽 방향으로 뚜렷한 본능을 가진 사람들에겐 출구가 될 수 있지만, 정상적인 사람에겐 바람직한 직업은 아니다.

이 같은 사회적 변화들의 효과는 돈을 대하는 태도에 진정한 변화를 일으키는 것이라고 나는 생각한다. 새로운 세대가 다른 곳에 대해선 전혀 모르는 가운데 공산주의 체제 밑에서만 자라게 될 때, 그 효과는 훨씬 더 큰 변화로 나타날 것이다. 러시아의 주민들은 빈곤하다는 한 가지 이유만으로도 돈에 매우 탐욕스럽다. 적어도 다른 곳의 사람들만큼은 탐욕스럽다. 그러나 소비에트의 통치를 받아들이는 합리적인 사람의 삶의 계획엔 서구인의 경우와 달리 돈벌이와 저축이 개입할 수 없다. 이것이 부분적으로만 사실인 사회도 엄청난 변혁임에 틀림없다.

지금 논하고 있는 이 모든 것은 그야말로 몽상으로 드러나거나, 치열한 종교적 정신에서 추구할 경우에 몽상은 아니더라도 진정한 행복을 파괴하는 것으로 증명될 것이다. 하지만 서구인들 대부분이 지금까지 추측하듯이 공산주의가 진실하지 못하거나 사악하다고 단정하는 것이 타당할까?

볼셰비키 혁명가 지노비에프(Grigory Zinovieff: 1883-1936)와 장시간 논쟁을 벌이고 나자, 그를 수행하던 열혈 공산주의자 2명이 내 앞으로 다가와서 광기를 번득이는 눈빛으로 나에게 한마디 던졌다. 그들은 "당신 앞에서 예언하겠어."라고 말했다. "지금부터 10년 후면 러시아의 생활 수준은 전쟁 전보다 높아질 것이지만, 유럽의 나머지 지역은 생활 수준이 전쟁 전보다 못할 것이다." 러시아의 풍부한 천연자원과 구(舊)체제의 비효율성을 고려하는 한편으로 서유럽의 문제들과 그것을 해결하지 못하는 무능력을 고려한다면, 우리가 이 동무들의 말이 사실로 드러나지 않을 것이라고 믿어도 좋을까?

2) 공산주의의 생존력

세월이 흘러 충분히 희석되고 불순한 것들이 섞이면 공산주의가 대중을 사로잡을 수 있을까?

나는 시간만이 대답할 수 있는 질문에는 대답하지 못한다. 하지만 나는 한 가지 결말만은 확신한다. 만약 공산주의가 성공을 거둔다면, 그것은 향상된 경제적 기술로서가 아니라 하나의 종교로서 그런 결과를 얻을 것이라는 점이다.

공산주의에 대한 틀에 박힌 비판은 두 개의 상반된 실수를 저지르는 경향을 보여 왔다. 공산주의를 너무나 혐오하며 하나의 종교로 여긴 나머지 공산주의의 경제적 비능률을 과장한 것이 한 가지 실수이고, 공산주의의 경제적 비능률에 너무나 강한 인상을 받은 나머지 공산주의를 하나의 종교로 과소평가하는 것이 다른 한 실수이다.

경제적 측면에서, 나는 러시아 공산주의가 서구의 경제적 문제에 지적 관심을 불러일으키고 과학적 가치를 지닐 만한 기여를 했다고 생각하지 않는다. 온갖 특징을 두루 갖추고 있는 서구에서 선택하기로 마음만 먹으면 공산주의 그 이상으로 성공적으로 적용하지 못할 경제적 기술을 러시아 공산주의가 어느 정도 포함하고 있거나 포함하게 될 것이라고 나는 생각하지 않는다. 내가 여기서 말하는 서구 사회의 기준은 19세기의 개인주의적 자본주의가 아니라 영국 부르주아지의 이상(理想)들이다. 적어도 이론적으로는, 혁명이 반드시 요구되는 경제적 개선은 없다고 나는 믿는다. 오히려 폭력적인 방법이 동원되면 우리가 가진 모든 것을 잃을 가능성이 크다. 서구 산업국가와 같은 조건이라면 붉은 혁명의 전술이 전체 주민을 빈곤과 죽음의 함정으로 몰아넣을 것이다.

하지만 종교로서 러시아 공산주의의 힘은 무엇인가? 아마 그 힘은 상당할 것이다. 광신자들을 통합하는 종교나 연대는 반드시 신앙심 없는 사람들의 이기적 개인주의에 반대하는 힘을 갖고 있다.

현대 자본주의는 철저히 비종교적이다. 내부 결속도 없고 공공정신도 그리 강하지 않으며, 늘 그런 것은 아니지만 단순히 소유자들과 소유를 추구하는 사람들의 집합일 때가 종종 있다. 이런 체제가 살아남으려면 엄청나게 성공적으로 작동할 수 있어야 한다. 적당히 작동해선 절대로 안 된다.

19세기에 자본주의 체제는 어떤 점에서 이상적이었다. 여하튼 그 시기에 자본주의는 자신감에 넘치고 단합된 시스템이었다. 당시 자본주의는 엄청난 성공을 거두었을 뿐만 아니라 미래에도 성공을 지속적으로 거둘 수 있다는 희망까지 품게 만들었다.

그러나 오늘날 자본주의는 적당히 성공하고 있을 뿐이다. 만약에 비종교적인 자본주의가 종교적인 공산주의를 종국적으로 이기려 한다면, 경제적으로 단순히 공산주의보다 더 효율적인 것으로는 충분하지 않다. 몇 배나 더 효율적이어야 한다.

우리는 현대 자본주의가 기존의 생활 수준을 유지할 수 있을 뿐만 아니라 경제적 낙원으로 안내할 능력을 갖고 있다고 믿곤 했다. 모든 사람이 경제적 고민으로부터 비교적 자유로울 수 있는 그런 환경을 자본주의가 조성할 수 있을 것이라고 믿었던 것이다. 그러나 지금은 기업가가 우리를 지금보다 더 나은 목적지로 안내하고 있는지 의문을 품지 않을 수 없게 되었다.

기업가를 하나의 수단으로 여긴다면 그들의 존재는 대체로 참아줄 만하다. 그러나 그들을 하나의 목적으로 여긴다면 그들의 존재는 그다지 만족스럽지 못하다. 이제 사람들은 상업과 종교를 별도의 영역에 묶어둠으로써 누리는 물질적 혜택이 도덕적 타락을 상쇄할 만큼 중요한지에 대해 회의를 품기 시작했다.

프로테스탄트와 청교도들은 상업과 종교를 대체로 잘 분리한다. 이유는 상업 활동은 속세에 속하는 일이고 종교 활동은 속세가 아닌 천국에 속하는 일이기 때문이다. 진보를 믿는 사람도 상업과 종교를 별 무리 없이 분리시킬 수 있다. 그 사람이 상업을 이 땅 위에 천국을 확립하는 수단으로 여기기 때문이다.

그러나 세 번째 마음 상태가 있다. 그런 마음 상태를 가진 사람은 속세가 아닌 다른 곳에 있을지 모르는 천국도 전혀 믿지 않으며 이 지구에 천국을 확립하는 확실한 수단으로서 진보도 전혀 믿지 않는다. 만약에 천국이 다른 곳에도 있지 않고 내세에도 없다면, 천국은 지금 여기 있거나 아예 없거나 할 것이다. 만약에 경제적 진보에 도덕적 목표가 전혀 들어 있지 않다면, 단 하루라도 물질적 혜택을 위해 도덕을 희생시키는 일이 일어나서는 안 된다는 결론이 나온다. 달리 말하면, 영혼 속에서 더 이상 상업과 종교를 별도 영역으로 다뤄서는 안 된다는 뜻이다. 어떤 사람의 생각이 길을 잃고 방황하다가 이런 노선을 따를 수 있는 한, 그 사람은 서구 언론이 그리는 겉모습과 꽤 다른 공산주의의 가슴에서 호기심 어린 마음으로 무엇인가를 찾을 준비가 되어 있을 것이다.

여하튼 나에겐 우리 시대의 도덕적 문제가 돈을 사랑하는 성향과 관련 있다는 사실이 날이 갈수록 더욱 분명하게 드러난다. 일상의 활동 중 90%가 습관적으로 돈이 동기가 되어 일어나고, 개인의 최대 목표가 경제적 안전이고, 사회도 돈을 성공의 척도로 삼으며 가족과 미래를 위한 준비의 바탕으로 '축적 본능'을 자극하고 있다.

쇠퇴하고 있는 종교들은 예전과 달리 이런 기본적인 문제들을 전혀 건드리지 않음으로써 도덕적 의미를 상실하고 말았다. 서구인이 돈에 대해 생각하고 느끼는 방식에 어떤 혁명을 일으키는 것이 도덕적 이상을 이 시대에 구현하려고 노력하는 사람들의 목적이 될 수도 있다. 어쩌면 러시아 공산주의가 어떤 위대한 종교의 혼란스런 첫 번째 움직임일지 모르겠다.

러시아를 찾는 외국 방문객이 편견을 갖지 않은 상태에서 그곳 분위기를 포착하려고 노력할 경우에 두 가지 기분, 즉 압박감과 의기양양을 번갈아 느낄 것임에 틀림없다고 나는 생각한다. 영국의 예술비평가 마틴 콘웨이(Martin Conway: 1856-1937) 경은 『소비에트 러시아의 미술 보물들』(Art Treasures in Soviet Russia)에서 자신이 러시아를 떠나던 상황을 이렇게 묘사하고 있다.

아주 오랫동안 정거한 뒤, 기차는 핀란드 국경 쪽으로 반 마일 가량 움직였다. 거기서 여권과 비자, 수하물을 다시 조사했다. 이번에는 훨씬 더 꼼꼼했다. 역은 새로 지어 쾌적하고 깨끗하고 편했으며, 서비스도 훨씬 더 정중했다. 소박하지만 맛있게 요리한 음식까지 부드러운 분위기에서 서비스하는 멋진 식당도 있었다.

내가 이렇게 말하는 것이 야비하게 비칠 수도 있겠다. 러시아에서 환대를 받았음에도 불구하고, 나는 핀란드 국경의 역에서 나를 짓누르고 있던 엄청난 무게가 내려지는 것 같은 느낌을 받았다. 그 무게가 어떤 식으로 느껴졌는지 설명하긴 어렵다. 나는 러시아로 들어갈 때에는 그런 무게를 느끼지 않았다. 그러나 날이 지나면서 그 무게가 조금씩 쌓여갔던 것 같다. 자유의 느낌도 점점 사라져갔다. 모두가 친절했음에도 불구하고 사람들은 어떤 압박이 존재하는 것을 느꼈다. 우리에게만 가해지는 것이 아니라, 온 곳에 퍼져 있었다. 낯선 땅에서 나 자신이 그처럼 철저하게 이방인으로 느꼈던 적은 한 번도 없었다. 처음에 막연하게 느껴지던 어떤 느낌이 날이 갈수록 더욱 구체적으로 형태를 띠면서 점점 더 큰 압박으로 의식되었다.

나는 차르 시대를 산 러시아 사람들도 이와 똑같은 경험을 했을지 모른다고 상상했다. 미국인들은 그들이 '자유의 공기'라고 부르는 것을 자주 칭송한다. 그것이 자기 나라의 특징이라고 주장한다. 미국인들은 영어권의 모든 사람들과 마찬가지로 자유의 공기를 마시고 있다. 러시아의 도덕적 분위기는 매우 다른 감정적 화학 요소로 이뤄져 있다.

내가 탄 기차가 통과한 핀란드의 곳곳은 외양만을 보면 국경 너머와 다르지 않았다. 그러나 우리는 자신이 '작고 멋진 개인 소유지들', 안락과 심지어 번영의 신호들을 통과하고 있다는 사실을 깨달았다.

억압의 분위기를 이 글보다 더 섬세하게 전달할 수 없다. 그런 분위기는 부분적으로 공산주의 붉은 혁명의 결과임에 틀림없다. 러시아에 가면 외국 방문객이 자기 고국은 그런 식의 목표를 달성하지 않도록 해 달라고 기도하게 만드는 요소가 많다. 또 부분적으로 러시아의 자연에 담긴 야수성 때문일 수 있다.

그러나 그것은 붉은 러시아가 보이는 가장 진지한 모습의 얼굴이다. 그것이 다른 측면으로 나타나면 의기양양이 된다. 지금까지 혁명의 러시아인들만큼 진지한 사람은 없었다. 흥겨운 분위기에서 마음을 놓을 때조차도 그들은 진지했다. 너무나 진지한 나머지 내일을 망각할 때도 간혹 있고 오늘을 망각할 때도 간혹 있다. 이 진지함이 거칠고 어리석고 극단적일 만큼 지루하게 나타날 때도 종종 있다. 평균적인 공산주의자는 모든 시대의 감리교 신자들만큼 색깔이 없다. 분위기의 팽팽함은 사람들이 견디기 어려울 정도이다. 그렇게 되면 런던의 천박한 편안함에 대한 갈망이 슬며시 일어난다.

그럼에도 그 의기양양은 실제로 느낄 때 아주 멋지다. 빈곤과 우둔, 억압 등이 존재함에도 불구하고, 그 순간 그곳이야말로 삶의 실험실이라는 생각이 드는 것이다. 여기서 화학 물질들이 새로운 조합으로 섞이면서 고약한 냄새를 내며 폭발하기도 한다. 그러면 무엇인가가 나올 수 있다. 그럴 가능성이 충분히 있다. 심지어 그럴 가능성때문에 지금 미국에서 벌어지고 있는 일보다 러시아에서 벌어지고 있는 일이 훨씬 더 중요하다.

나는 '더 타임스'에 글을 쓰는 신사들처럼 러시아를 두려워하는것이 부분적으로만 합당하다고 생각한다. 그러나 만약에 러시아가바깥 세계에서 하나의 힘이 된다면, 그것은 지노비에프가 뿌리는 돈의 결과가 아닐 것이다. 만약 러시아가 도덕적 힘을 갖춘 나라가 되지 않는다면, 그 나라는 나머지 세계에 심각한 문제가 절대로 되지못할 것이다. 그래서 이미 신념이 행동으로 옮겨졌고 과거로 돌아가는 것이 불가능해진 지금, 나는 러시아에 기회를 주고 싶다. 러시아를 도우려는 것이지 결코 방해를 하려는 것이 아니다. 모든 것들을 두루 참작할 경우, 만약 내가 러시아 사람이라면, 나는 차르 치하의 러시아에 기여하는 것보다 차라리 소비에트 러시아에 기여하는 쪽을 택할 것이다.

그럼에도 내가 새로운 공식적인 신앙에 등록할 수 없는 이유는 내가 예전에 공식적인 신앙에 등록할 수 없었던 이유와 똑같다. 나는 옛 전제 군주의 행동을 싫어하는 것 못지않게 새로운 전제 군주의 행동을 혐오해야 한다. 그러나 나는 사태의 가능성들로부터 더 이상 눈길을 거두지 않고 그 가능성들로 눈길을 줘야 한다. 옛 러시아의 잔혹함과 우둔함에서는 아무것도 나올 수 없었지만, 새로운 러시아의 잔혹함과 우둔함의 밑에 이상(理想)의 어떤 씨앗이 숨어 있을지 모르니까.

2장

자유방임의 종언

1926년

자유방임주의가 간혹 그 바탕으로 삼았던 형이상학적 혹은 일반적인 원칙들을 완전히 지워버리도록 하자. 개인들이 경제활동에서 '천부의 자유권'을 관행적으로 갖는다는 것은 진실이 아니다. 부를 갖고 있거나 획득하는 사람들에게 영구적 권리를 부여하는 것은 불가능한 일이다. 이 세상은 천상에 의해 지배되는 곳이 아니기 때문에 개인적 이익과 사회적 이익이 늘 일치할 수는 없다. 이곳 속세는 개인적 이익과 사회적 이익이 일치하는 방향으로 천상에 의해 통치되는 곳이 아니다.

계몽된 이기심은 언제나 공익에 유리한 쪽으로 작용한다는 것은 경제학의 원리에서 끌어낸 올바른 추론이 아니다. 이기심이 대체로 계몽되어 있다는 말도 진실이 아니다. 각자의 목적을 개별적으로 추구하는 개인들이 너무 무식하거나 허약하기 때문에 그 목적마저 달성하지 못할 때가 자주 있다. 경험에 비춰볼 때, 개인들이 각자 별도로 행동할 때보다 사회적 단위를 구성하고 있을 때 언제나 덜 똑똑한 모습을 보이는 것도 아니다.

그러므로 이 대목에서 추상적인 근거들에 만족해서는 안 된다. 자유방임의 장점을 근거에 입각해서 세밀하게 따져보아야 한다. "국가가 공공의 지혜를 모아 앞으로 나아가기 위해 스스로 떠안아야 할 일과 가능한 한 간섭을 하지 않는 가운데 개인들의 노력에 맡겨 둬야 할 일을 결정하는 문제"에 대해 에드먼드 버크(Edmond Burke)는 "입법에서 가장 미묘한 문제 중 하나"라고 말했다. 우리는 제러미 벤담(Jeremy Bentham)이 '의제'(agenda)라고 부른 것과 '비(非)의제'(non-agenda)라고 부른 것이 서로 어떤 차이를 보이는지에 대해서도 알아야 한다. 또 정부의 간섭은 '대체로 소용없고' 또 동시에 '대체로 해롭다'는 벤담의 선입견에 기대지 않고, 의제와 비의제를 구분할 수 있어야 한다.

아마도 지금 경제학자들의 가장 중요한 임무는 정부의 의제와 비(非)의제를 구분하는 일일 것이다. 동시에 정치학이 해야 할 임무는 민주주의 안에서 그 의제를 성취할 수 있는 정부의 형태를 구상하는 일일 것이다. 여기서 나는 평소에 마음에 담아두고 있던 바를 두

가지 예를 통해 쉽게 설명하고자 한다.

1) 통제와 조직의 단위로 가장 이상적인 크기가 대부분의 경우에 개인과 현대 국가 사이의 어딘가에 있다고 나는 믿는다. 그래서 나는 국가 안에서 반자치적인 조직체들을 인정하고 그것의 성장을 도모하는 일에 국가의 발전이 달려 있다고 주장한다. 여기서 말하는 반자치적인 조직체들의 경우에 주어진 분야에서 어떤 행위를 할 때 반드시 공공의 이익만을 기준으로 삼아야 한다. 그리고 공공의 이익을 고려할 때엔 사적인 이익에 따른 동기는 철저히 배제되어어야 한다. 인간의 이타심이 조금 더 커질 때까지 일부 영역에서 특수 집단이나 계층 혹은 단체의 이익을 고려할 필요가 있겠지만, 어쨌든 원칙은 그래야 한다. 반자치적인 조직들은 미리 정해진 범위 안에서 이뤄지는 일상적인 업무에서는 주로 자치권을 누리지만, 중요한 사안에서는 의회를 통해 구현되는 민주주의의 주권자에게 종속된다.

내가 제안하는 것이 어떻게 보면 개별적 자치라는 중세적 개념으로 회귀하는 것으로 들릴 수도 있다. 그러나 어쨌든 영국에서 법인들이 행정의 한 유형으로 지금까지 중요한 역할을 포기했던 적이 한 번도 없었으며 영국의 제도와도 조화를 이루고 있다. 기존의 조직 중에도 내가 계획하고 있는 유형을 이미 확보했거나 거기에 근접하고 있는 자치 조직들의 예를 쉽게 들 수 있다. 대학과 뱅크 오브 잉글랜드, 런던 항만청이 있고 아마 철도 회사들도 그런 예가 될 수 있을 것이다.

그러나 이런 것들보다 더 흥미로운 것은 주식회사들 사이에서 드러나고 있는 경향이다. 주식회사들은 어느 정도 연륜이 쌓이고 규모가 커지면 개인적 사업보다 공공 법인의 지위에 가까워지려는 움직임을 보이고 있다. 지난 몇 십 년 사이에 대중이 잘 모르는 가운데 이뤄진 흥미로운 발전 한 가지는 스스로 사회화하려는 대기업들의 노력이다. 지금은 하나의 중요한 제도로 성장하는 단계에 이르렀다. 특히 대형 철도회사나 대형 공기업에 그런 현상이 두드러지지만, 은행과 보험회사에도 나타나고 있다. 이런 기업들의 경우에 자본의 소유자들, 즉 주주들이 경영에서 거의 손을 떼게 된다. 그 결과, 큰 이익을 추구하는 일에 대한 주주들의 사적인 관심은 부차적인 것이 되었다.

이 단계에 이르면, 조직의 전반적인 안정성과 명성은 주주에게 나가는 배당이 아니라 경영에 좌우된다. 주주들은 적당한 배당에 만족해야 한다. 그러나 이 관행이 정착되기만 하면, 경영의 직접적 관심은 종종 대중과 고객의 비판을 피하는 일로 모아진다. 거대한 규모나 반독점적인 지위 때문에 조직이 대중의 눈에 두드러져 보이고 대중의 공격에 취약하게 될 때 그런 현상이 특히 더 강하게 나타난다.

아마 이런 경향의 극단적인 예가 바로 이론적으로 개인들의 재산인 뱅크 오브 잉글랜드일 것이다. 뱅크 오브 잉글랜드의 총재가 어떤 정책을 결정하면서 은행의 주주들을 머리에 그리는 경우는 거의 없다는 말은 진실에 아주 가깝다. 이 은행의 주주들의 권리는 전통적으로 배당을 받는 것 외에 아무것도 없다. 그러나 다른 큰 조직들의 경우엔 이 말이 아직 부분적으로만 진실일 뿐이다. 시간이 흐르면서, 다른 조직들도 스스로를 사회화하고 있다.

이 같은 경향에 이로운 점만 있는 것은 아니다. 똑같은 명분들이 보수주의를 강화하고 모험 정신의 쇠퇴를 야기한다. 실제로 그런 예들에서 국가 사회주의의 이점뿐만 아니라 결점들이 많이 확인되고 있다. 그럼에도 불구하고, 나는 거기서 진화의 자연스런 과정을 본다고 생각한다.

사회주의가 무제한적인 사적 이익과 맞서 벌이는 싸움은 시간이 지날수록 사회주의의 승리 쪽으로 기울고 있다. 이 싸움은 다른 분야에서는 예리하게 전개되고 있지만, 적어도 앞에서 예로 든 특별한 영역에서는 더 이상 긴급한 문제가 아니다. 예를 들면 철도회사들의 국유화가 있다. 이 문제는 영국 경제생활의 재조직과 무관하고 또 중요하지 않으며, 소위 정치적으로만 중요하게 여겨지고 있을 뿐이다.

많은 대형 사업, 특히 대규모 고정 자본을 필요로 하는 공기업과 다른 사업들은 지금도 여전히 반쯤 사회화할 필요가 있다는 말은 맞다. 그러나 우리는 이런 형식의 반(半)사회주의와 관련해서 유연한 마음을 가져야 한다. 또 오늘날 자연스레 일어나는 현상을 최대한 활용할 수 있어야 하고, 정부 부처가 직접적으로 책임을 지는 조직보다 반(半)자율적인 법인들을 선호해야 한다.

내가 교조적인 국가 사회주의를 비판하는 이유는 그것이 인간의 이타적인 충동을 사회에 유익한 방향으로 이용하려 들거나, 자유방임주의에서 벗어나려 하거나, 백만장자가 될 인간의 타고난 자유권을 박탈하려 하거나, 대담한 실험들을 고무하려 해서가 아니다. 이 모든 것들을 나도 칭찬한다.

내가 교조적인 국가 사회주의를 비판하는 이유는 그것이 실제로 현실에서 일어나고 있는 일의 의미를 놓치고 있기 때문이다. 또 국가 사회주의가 실은 100년 전에 누군가가 한 말을 오해한 내용을 바탕으로 50년 전의 문제를 해결하기 위해 만든 계획이 너덜너덜 해어진 채 살아남은 것에 지나지 않기 때문이다.

19세기의 국가 사회주의는 벤담과 자유 경쟁 등에서 비롯되었으며, 19세기 개인주의의 기초가 되었던 철학을 어떤 면에서는 더 선명하게, 어떤 면에서는 더 흐리멍덩하게 바꾼 버전이라고 할 수 있다. 개인주의와 국가 사회주의는 똑같이 자유에 초점을 맞추었다. 개인주의는 기존의 자유에 대한 제한을 피하기 위해 자유를 소극적으로 강조했고, 국가 사회주의는 타고나거나 획득한 독점을 깨뜨리기 위해 자유를 적극적으로 강조했다. 둘은 똑같은 지적 환경에 서로 다르게 반응한 결과였다.

2) 이제 '의제'의 기준에 대해 논할 생각이다. 가까운 미래에 긴급히 해야 할 바람직한 일과 특별히 관계가 깊은 대목이다. 여기서는 원칙적으로 사회적인 서비스와 원칙적으로 개인적인 서비스를 분리하는 것이 목표이다.

국가의 가장 중요한 의제는 개인들이 이미 수행하고 있는 활동들과 관계가 있는 것이 아니라, 개인들의 영역 밖에 있는 기능들, 즉 국가가 나서지 않으면 아무도 내리지 못할 결정들과 관계있다. 정부의 입장에서 중요한 것은 개인들이 이미 하고 있는 일들을 맡아서 조금 더 잘하거나 조금 더 못하는 것이 아니고, 현재 전혀 행해지지 않고 있는 일을 맡아 하는 것이다.

그런 일을 맡을 경우에 정부가 실용적인 정책을 개발하는 문제는 이 글의 범위 안에 들지 않는다. 따라서 나는 논의를, 어쩌다 내가 깊이 생각하게 된 여러 가지 문제 중에서 나의 뜻을 가장 잘 전달할 수 있는 예를 몇 가지 제시하는 선에서 끝낼 생각이다.

이 시대가 안고 있는 중대한 경제적 악 중에서 많은 것은 위험과 불확실성, 무지의 산물이다. 심각한 부의 불평등이 일어나는 이유는 처지나 능력 면에서 운을 타고난 특정한 개인들이 불확실성과 무지를 이용할 수 있고, 또 그와 똑같은 이유로 인해 큰 사업이 종종 복권이 되기 때문이다. 또 똑같은 요소들이 실업의 원인이 되고, 사업에 대한 합리적인 기대를 접는 원인이 되고, 능률과 생산의 손상을 야기하는 원인이 된다.

그럼에도 위험과 불확실성, 무지 등을 치유하는 방법은 개인들의 영역 밖에 있다. 심지어 그 같은 질병을 더욱 악화시키는 것이 일부 개인들에게 유리할 때도 있다. 나는 이런 질병을 치유하는 방법 중 일부는 중앙 기관이 통화와 신용을 정교하게 관리하는 데서 찾고, 또 다른 일부는 비즈니스 상황에 관한 정보를 대규모로 수집하고 유통시키는 데서 찾아야 한다고 믿는다. 여기엔 알아 두면 유익한 모든 비즈니스 관련 정보들의 완전 공개를 필요하다면 법으로 정하는 조치도 포함된다. 이런 법들이 완비되면, 사회가 적절한 조직을 통해 개별적인 사업의 핵심적인 내용까지도 직접적으로 파악할 수 있게 될 것이다. 그렇게 한다 하더라도 개인의 창의성과 모험심은 방해를 받지 않을 것이다. 이런 조치들이 결국 비효율적인 것으로 드러난다 하더라도, 그럼에도 불구하고 그것들은 다음 단계를 취하는 데 필요한 지식을 지금보다 훨씬 더 많이 내놓는 결과를 낳을 것이다.

내가 제시하는 두 번째 예는 저축과 투자에 관한 것이다. 나는 공동체 전체가 저축해야 하는 바람직한 액수를 정하고, 또 그 저축 중에서 해외 투자 형식으로 외국으로 보낼 금액을 정하는 일에 조화로운 판단이 요구된다고 믿는다. 또 투자 시장의 조직들이 저축을 국가 차원에서 가장 생산적인 방향으로 분배하고 있는지도 판단해야 한다. 나는 이런 문제들을 지금처럼 전적으로 개인들의 판단과 이익에 맡겨놓아야 한다고는 생각하지 않는다.

세 번째 예는 인구이다. 각 나라가 인구 규모에 관한 정책을 필요로 하는 단계가 이미 도래했다. 인구를 지금보다 더 크게 유지하는 것이 상책인지, 아니면 작게, 그것도 아니면 비슷한 수준으로 유지하는 것이 유리한지를 판단해야 할 때이다. 인구 정책이 확정되면, 그것을 현실로 실현시킬 조치를 취해야 한다. 조금 있으면 공동체가 하나의 전체로서 단순히 구성원들의 숫자만 아니라 구성원들의 질적 수준에 관심을 쏟아야 할 때가 올 것이다.

이런 생각들은 집단적인 행동을 통해 현대 자본주의의 기법을 개선시킬 방도를 찾으려는 노력에서 나온 것이다. 내가 보기에 그 개선책들 중에서 자본주의의 가장 근본적인 특징으로 여겨지는 것들과 공존하기 힘든 것은 하나도 없다. 말하자면, 경제를 움직이는 주요 동력인, 돈을 좋아하고 돈벌이에 끌리는 개인들의 본능을 개선책에서도 그대로 살릴 수 있다는 말이다.

이 주제에 대한 논의가 끝나가는 시점에 내가 길을 잃고 다른 분야로 넘어가서는 안 된다. 그럼에도, 나는 결론으로 여러분에게 앞으로 몇 년 동안, 주로 경제적인 것에 초점이 맞춰질 전문적인 문제들을 둘러싸고 경쟁이 치열하게 벌어지거나 의견 분열이 일어날 것 같지는 않다는 점을 상기시키고 싶다. 그보다는, 적절한 표현을 찾기 힘들어 그저 심리학적 또는 도덕적이라고 불릴 그런 문제들을 둘러싸고 경쟁과 의견 분열이 일어날 전망이다.

유럽 또는 유럽의 일부에서, 나의 판단에 미국은 해당되지 않는데, 사회가 돈을 추구하는 개인들의 동기를 부추기고, 고무하고, 보호하는 쪽으로 기울고 있는 현실에 대한 반발이 눈에 두드러지지는 않지만 광범위하게 형성되고 있다. 당면한 문제들을 개인들의 화폐 동기에 가능한 한 강하게 호소하기보다는 가능한 한 적게 호소하는 쪽으로 해결하는 것을 우선 과제로 삼을 필요까지는 없다. 그러나 개인들의 화폐 동기를 평소의 경험에 비춰가며 신중하게 다룰 필요는 있다.

사람들은 각자 직업에 따라 화폐 동기가 자신들의 일상에서 크거나 작은 역할을 맡는다는 사실을 깨닫고 있으며, 역사학자들은 화폐 동기의 역할이 지금보다 월등히 작았던 다른 단계의 사회 조직에 대한 이야기를 많이 들려준다. 대부분의 종교와 철학은 주로 개인의 금전적 이익에 좌우되는 삶의 방식을 비난한다.

한편, 오늘날 대부분의 사람들은 금욕적인 개념들을 거부하며 부의 진정한 이점에 대해 전혀 의문을 품지 않는다. 더욱이, 그런 사람들에겐 화폐 동기가 없으면 아무 일도 할 수 없을 것처럼 보이고, 부정적인 측면이 없는 것은 아니지만 그래도 화폐 동기가 제대로 역할을 발휘하는 것처럼 보인다. 그러다 보니 보통 사람은 그 문제에 더 이상 관심을 기울이지 않게 되고, 자신이 혼란스런 그 문제에 대해 진정으로 어떻게 생각하고 느끼고 있는지에 대해 전혀 알지 못하고 있다.

사고와 감정의 혼란은 곧 표현의 혼란으로 이어진다. 삶의 한 방식으로서의 자본주의에 진정으로 반대하고 있는 많은 사람들은 마치 자본주의가 자체의 목적을 달성하는 데 비효율적이라는 점을 근거로 자본주의에 반대하는 것처럼 주장한다. 이에 반해 자본주의 맹신자들은 종종 지나칠 정도로 보수적이며, 또 채택될 경우에 자본주의를 더욱 강화하고 더 잘 지켜나갈 힘이 될 개혁까지도 반대한다. 이유는 개혁이 자본주의로부터 멀어지는 첫걸음이 되지 않을까 하고 두려워하기 때문이다.

그럼에도, 우리가 효율적인 기법이나 비효율적인 기법으로서 자본주의에 대해 논할 때와 그 자체로 바람직하거나 반대해야 할 것으로서 자본주의에 대해 논할 때에 대해 지금보다 더 분명하게 알게 될 날이 올 것이다. 내가 볼 때, 현명하게 관리하기만 하면 경제적 목표를 달성하는 데는 자본주의가 다른 어떤 대안보다 더 효과적인 것 같다. 그런데 자본주의엔 원래부터 반대할 소지가 있는 요소들이 많은 것 같다. 문제는 만족한 삶의 방식을 건드리지 않고 최대한 효율적인 사회적 조직을 고안해내는 것이다.

앞으로 나아갈 다음 걸음은 정치적 선동이나 설익은 실험이 아니라 깊은 생각에서 나와야 한다. 우리 모두는 정신의 노력을 통해 자신의 감정을 명료하게 밝힐 필요가 있다. 현재는 우리의 감정과 판단이 서로 반대편에 서 있는 듯하다. 이런 마음의 상태는 고통스럽고 또 정신작용을 마비시킨다. 행동 분야에서 개혁가들은 지성과 감정이 조화를 이루는 가운데 명확하고 확고한 목표를 끈기 있게 추구할 수 있을 때까지 제대로 성공을 거두지 못할 것이다. 내가 볼 때, 지금 옳은 방식으로 옳은 목표를 추구하고 있는 집단은 어디에도 없다.

물질적 빈곤은 실험을 허용할 여지가 거의 없는 상황에서 즉시적인 변화를 자극하는 동기가 된다. 반면, 물질적 번영은 위험을 무릅써도 괜찮을 바로 그 시점에 동기를 제거해 버린다.

지금 유럽에는 앞으로 움직일 수단이 없고, 미국에는 의지가 없다. 영국인에겐 새로운 확신이 필요하다. 그 확신은 외부의 현실에 비춰가며 우리 자신의 내면의 감정을 솔직히 점검해 나가다 보면 저절로 일어나게 된다.

3장

나는 자유주의자인가?

1925년

I

사람이 정치적 동물로 태어난다면, 어떤 당에도 소속되지 않는 것이 가장 불편한 일일 것이다. 어디에도 소속되지 않은 사람은 냉담하고, 외롭고, 변변찮은 존재일 것이다. 당신이 속한 당이 막강하고, 그 당의 프로그램과 철학이 공감을 불러일으키면서 무리를 짓기를 좋아하는 본능과 실용적 본능, 지적 본능을 동시에 만족시킬 수 있다면, 그것보다 더 바람직한 조건이 있을까. 당신이 진짜 정치적 동물이라면 말이다. 그 정도의 당이라면 많은 당원을 거느릴 만하고, 모든 사람의 시간을 빼앗을 자격이 충분하다.

그러기에 "난 당이나 기웃거리는 그런 사람이 절대 아니야."라는 식으로 경멸을 살 만한 말을 자신 있게 할 수 없는 정치적 동물은 거의 언제나 어느 당에나 소속될 것이다. 만약 그런 사람이 '인력(引力)의 원칙'을 바탕으로 가정(家庭)을 발견하지 못한다면, 그는 바람 부는 허허벌판에 홀로 서 있기보다 '척력(斥力)의 원칙'을 바탕으로 그래도 자신이 가장 덜 싫어하는 사람들 쪽으로 가야 한다.

이제 나 자신을 보도록 하자. '척력의 원칙'을 바탕으로 한 네거티브 테스트에서 나는 어디쯤 서게 될까? 나는 스스로를 보수주의자라고 말할 수 있을까? 보수주의자들이 나에게 먹을 것을 주거나 마실 것을 주는 것도 아니다. 지적 위안이나 영적 위안을 주는 것도 아니다. 나는 즐거워하거나 흥분을 느끼거나 교화되지도 않을 것이다. 구체적인 단어로 표현하진 않겠지만, 그런 분위기와 심리 상태, 인생관에 공통적인 그 무엇인가는 나 자신의 이익에 도움이 되지도 않고 공공의 이익을 증진시키지도 않는다. 그것은 나를 어느 곳으로도 안내하지 않는다. 그것은 그 어떤 이상도 만족시키지 못한다. 그것은 또 그 어떤 지적 기준도 만족시키지 못한다. 그것은 심지어 우리가 이미 일군 문화를 훼방꾼으로부터 제대로 지켜내지도 못한다.

그렇다면 내가 노동당에 가입해야 할까? 피상적으로만 본다면, 노동당이 더 매력적이다. 그러나 면밀히 들여다보면, 거기에 심각한 어려움이 있다. 우선, 그것은 계급 정당이고, 그 계급은 나의 계급과 다르다. 어쨌든 내가 분파적인 이해관계를 추구할 것이라면, 나는 나 자신의 이익을 추구할 것이다. 계급투쟁의 문제에 대해 말하자면, 나의 개인적이고 편협한 애국심은 심술궂은 열성 당원을 제외한 다른 모든 사람들과 마찬가지로, 나 자신의 환경에 끌릴 것이다. 나는 나 자신의 판단에 정의와 양식(良識)으로 보이는 것들의 영향을 받을 수 있다. 그러나 계급투쟁이 일어나면 나 자신은 교양 있는 부르주아지 편에 설 것이다.

그러나 무엇보다 나는 노동당 안에 있는 지적인 요소들이 통제력을 적절히 행사할 수 있을 것이라고 믿지 않는다. 노동당의 경우에 자신이 무슨 말을 하는지조차 잘 모르는 사람들에게 좌지우지되는 예가 너무 많을 것이다. 그리고 그럴 가능성이 적지 않는데, 만약 노동당의 통제권이 독재적인 핵심 요원들에게 장악된다면, 그 통제는 극단적인 좌익의 이익을 추구하는 쪽으로 이뤄질 것이다. 노동당의 한 파벌인 극단적인 좌익에게 나는 '재앙의 집단'(Party of Catastrophe)이라는 이름을 붙였다.

네거티브 테스트에서, 나는 자유당이 그래도 미래 발전을 위한 최선의 도구라고 믿는 경향이 있다. 단 강력한 리더십과 올바른 프로그램이 확보되어야 한다는 단서가 붙는다.

그러나 당의 문제를 포지티브 테스트 방식으로 고려한다면, 말하자면 거부해야 할 요소보다 받아들일 만한 요소를 고려한다면, 당의 정책에 희망을 걸든 인물에 희망을 걸든 모든 당이 똑같이 황량하다. 이유도 당을 불문하고 똑같다. 19세기의 케케묵은 당의 의제는 이제 생명력을 다했다. 미래의 문제들이 어렴풋이 나타나고 있지만, 아직 당의 이슈가 되지 않고 있다. 미래의 문제들은 예전의 당의 노선을 초월한다.

시민적 자유와 종교의 자유, 참정권, 아일랜드 문제, 자치령의 자치, 상원의 권한, 소득세와 재산세의 누진제, '사회 개혁', 즉 질병과 실업, 고령 등을 위한 사회 보험에 대한 투자 확대, 교육, 주택과 공중 위생…. 자유당이 내건 이 모든 목표들은 성공적으로 성취되었거나, 진부해졌거나, 다른 당들도 공통적으로 내건 이슈가 되었다. 이젠 무엇이 남았을까? 어떤 사람은 토지 문제라고 답할 것이다. 나는 그렇게 생각하지 않는다. 현실 세계에 조용히 일어난 변화 때문에 토지 문제의 정치적 의미가 크게 약해졌기 때문이다.

내가 보기에 자유당이 역사적으로 취했던 정강 중에서 아직 쓸모 있는 것을 꼽는다면 겨우 주류(酒類) 문제와 자유무역 2개뿐이다. 이 둘 중에 자유무역이 어떤 사건으로 인해 훌륭하고 생동감 넘치는 정치적 이슈로 생명력을 오래 지니게 될 것이다. 자유무역을 옹호하는 주장은 언제나 두 갈래로 나뉘었다. 과거에 자유주의적인 개인주의자들에게 호소력을 지녔고 지금도 여전히 호소력을 발휘하고 있는 자유방임주의와, 각국이 비교 우위를 지니는 자원을 활용하는 데 따를 혜택에 근거를 둔 경제적 주장이 그것이다.

나는 '자유무역 원리'가 신봉했던 정치철학을 더 이상 믿지 않는다. 내가 자유무역을 믿는 이유는 장기적으로, 또 대체적으로 자유무역이 법적으로도 건전하고 지적으로도 빈틈없는 유일한 정책이기 때문이다.

하지만 자유당이 토지 문제와 주류 문제와 관련해서 명확한 단일 프로그램을 만들어 낸다 하더라도 이 두 가지 문제와 자유무역만으로 스스로를 지켜나갈 수 있을까? 자유주의자가 되는 것을 옹호하면서 적극적으로 내세울 주장이 현재로선 매우 약한 편이다. 그렇다면 다른 당들은 포지티브 테스트를 통과할 수 있을까?

보수당은 언제나 '완강하게 버티는 자들의 본거지' 역할을 할 것이다. 그러나 건설적인 측면에서 본다면, 보수당은 자유당만큼이나 나쁜 예이다. 오늘날 진보적인 젊은 보수주의자와 평균적인 자유주의자를 나누는 것이 기질이나 과거의 연결 같은 우연적인 요소에 지나지 않을 때가 자주 있다. 정책이나 이상의 차이 때문에 나뉘는 것이 아닌 때가 많다는 뜻이다. 옛날의 구호가 슬그머니 사라져 버렸다. 교회, 귀족계급, 지주, 재산권, 제국의 영광, 병역의 자부심, 심지어 맥주와 위스키 관련 문제도 이제 다시는 영국의 정치를 이끌힘이 되지 못한다.

보수당은 환경의 진보적 변화에 맞춰 개인주의적 자본주의를 새로운 버전으로 다듬어내는 일에 관심을 기울여야 한다. 어려움은 도시와 의회의 자본주의 지도자들이 소위 그들이 볼셰비키주의라고 부르는 것과 자본주의를 안전하게 지키기 위한 새로운 조치를 제대로 구분할 줄 모른다는 사실에 있다.

만약 낡은 자본주의가 지적으로 스스로를 방어할 수 있다면, 자본주의는 여러 세대 동안 버림을 받지 않을 것이다. 그러나 사회주의자들에게 참으로 반갑게도 낡은 자본주의가 버림받는 불행을 피할 가능성은 거의 없다.

개인주의적 자본주의의 지적 쇠락을 낳은 씨앗들이 바로 자본주의 이전 봉건시대의 사회 체제에서 물려받은 세습 원칙이라고 나는 믿는다. 부의 이전과 기업 지배를 통해 지켜지는 세습 원칙이 바로 자본주의의 명분을 내세우는 사람들의 리더십이 약하고 모순적이게 만드는 원인이다.

사회 제도를 타락시키는 원인으로 세습 원칙이 첫손가락에 꼽힌다. 영국의 제도 중에서 역사가 가장 깊은 교회가 언제나 세습의 타락으로부터 자유로웠다는 사실은 우리들에게 중요한 가르침을 주는 좋은 예이다.

보수당 안에 그야말로 완강하게 저항하는 '다이 하드' 부류가 있는 것과 똑같이, 노동당 안에도 언제나 '재앙의 집단'이 있을 것이다. 이 재앙의 집단에게 독자 여러분의 입맛에 따라 자코뱅 당원, 공산주의자, 볼셰비키주의자 등 다양한 딱지를 붙여도 무방하다. 기존의 제도를 혐오하거나 멸시하면서 그걸 뒤엎어야만 위대한 선(善)이 가능하다고 믿는 무리들이다. 아니면 어떤 위대한 선이 나타나기 위해서는 적어도 기존 제도의 전복이 선행되어야 한다고 믿는 사람들이다.

이런 집단은 사회적 압제가 존재하는 상황에서만, 또는 '다이 하드'의 통치에 대한 반발로서만 번창할 수 있다. 영국에는 이런 극단적인 무리가 수적으로 매우 적다. 그럼에도, 그들의 철학은 내가 보기에 희석된 형태로 노동당 전반에 퍼져 있다.

노동당 지도자들의 경우에 속으로는 제아무리 온건할지라도 선거에서 성공하기 위해서 언제나 당의 보편적인 열정과 질투에 어느 정도 기대지 않을 수 없는 입장이다. 이 열정과 질투가 '재앙의 집단'에서 활짝 꽃을 피울 수 있다. '재앙의 정책'에 대한 이런 은밀한 공감이 노동당이 진수시킬 건설적인 선박의 안전성을 갉아먹는 벌레가 될 것임에 틀림없다. 부와 권력을 쥔 사람들에 대한 원한과 질투, 미움의 감정은 진정한 사회주의 공화국을 건설할 이상들과 조화를 이루지 못할 것이다. 그래도 성공적인 노동당 지도자는 약간 무례하거나 적어도 겉으로는 무례하게 보일 필요가 있다. 노동당 지도자는 인간 동료들을 사랑하는 것만으로는 충분하지 않다. 그는 동료들을 미워하기도 해야 한다.

그렇다면 나는 자유주의가 어떤 모습이길 원할까? 한쪽에는 뚜렷이 정의된 보수주의가 버티고 있다. 거기서는 '다이 하드들'이 오른쪽에서 힘과 열정을 불어넣고, 왼쪽에서는 교육을 잘 받고 인간적이고 보수적인 자유무역주의자들이 도덕적 및 지적 책임을 지고 있다.

다른 한쪽에는 역시 뚜렷이 정의된 노동당이 자리 잡고 있다. 이당에서도 또한 '재앙의 좌파'가 힘과 열정을 불어넣고, 교육을 잘 받고 인간적인 사회주의 개혁가들이 오른쪽에서 도덕적 및 지적 책임을 지고 있다.

두 당 사이에 과연 다른 것이 비집고 들어갈 공간이 있을까? 여기서 우리는 자신이 보수적인 자유무역주의자와 잘 어울리는지, 아니면 사회주의 개혁가와 잘 어울리는지를 결정해야 하는 것이 아닐까?

아마 우리는 그렇게 할 것이다. 하지만 나는 계급 같은 문제에 관심을 기울이지 않을 당이 존재할 여지가 여전히 있다고 생각한다. 또 서로 상대방의 건설적인 발전을 가로막고 있는 '다이 하드들'과 '재앙의 집단'의 영향으로부터 똑같이 자유로운 상태에서 미래를 건설할 수 있는 당이 가능하다고 본다. 이 대목에서 나 자신이 나름대로 품어왔던 그런 당의 철학과 실천을 간략히 소개하고 싶다.

우선 그 당은 과거의 죽은 나무로부터 해방되어야 한다. 나의 의견에 지금은 보수당의 좌익 쪽을 제외하고는 구식의 개인주의와 자유방임주의를 열정적으로 옹호할 사람들이 들어설 공간은 전혀 없다. 개인주의와 자유방임주의가 19세기의 성공에 크게 기여했음에도 불구하고, 지금은 그런 상황이다.

이런 식으로 말하는 것은 이 원칙들이 애초부터 잘못 태어났기 때문이 아니라(나도 100년 앞서 태어났다면 보수당에 소속되었을 것이라고 짐작한다), 그것들이 현대의 조건에 더 이상 적용될 수 없게 되었기 때문이다. 우리의 프로그램은 자유주의의 역사적 문제들을 다룰 것이 아니라 오늘날 사람들에게 절실하게 필요한 문제들을, 이미 다른 정당의 문제가 되었는지 여부를 떠나서 다룰 수 있어야 한다. 우리는 인기 추락과 조소의 위험도 감수해야 한다. 그러면 우리의 모임은 사람들을 끌어들이게 될 것이고, 자연히 힘을 얻게 될 것이다.

II

나는 오늘날의 문제를 다섯 가지 범주로 나눈다.

1. 평화 문제
2. 정부 문제
3. 남녀 문제

4. 마약 문제

5. 경제 문제

평화의 문제에서는 최대한 평화주의자가 되도록 하자. 제국에 관한 한, 나는 인도를 제외하고는 심각한 문제가 있다고 생각하지 않는다. 그 외의 다른 곳에서는 통치의 문제에 관한 한, 제국의 순조로운 해체가 거의 마무리 단계에 있으며, 쌍방에 유익한 쪽으로 진행되고 있다.

그러나 평화주의와 군비 문제라면 우리는 지금 첫걸음을 떼고 있을 뿐이다. 나는 평화를 위해서 어떤 위험을 감수하려는 정신이 필요하다고 생각한다. 과거에 우리가 전쟁에서 위험을 감수했던 것처럼 말이다. 그러나 나는 그 위험이 다양한 가설적 상황에서 전쟁을 일으키는 것을 당연한 것으로 여기는 그런 식의 위험이 되어서는 안 된다고 생각한다.

나는 베르사유 조약의 내용에 반대하는 입장이다. 프랑스의 군사력이 막강한 상태에서 프랑스가 무장 해제된 독일을 공격할 경우에 영국이 군사력을 총동원해 독일을 지키겠다고 약속하는 것은 어리석은 짓이다. 또 앞으로 서유럽에서 일어날 모든 전쟁에 영국이 참여할 것이라고 단정하는 것도 필요하지 않다. 하지만 나는 군사력의 약화라는 위험을 감수하고라도 영국이 중재와 군비 축소의 방향으로 매우 훌륭한 본보기를 제공할 수 있기를 바란다.

이제 정부의 문제를 살펴볼 생각이다. 지루하게 들리겠지만 중요한 문제이다. 나는 앞으로는 정부가 과거에 피해왔던 많은 일들을 떠맡으려 들어서는 안 된다고 믿는다. 그런 일들에는 정부 부처와 의회가 별로 효율적이지 않을 것이다. 가능하면 무엇이든 지방으로 넘기는 것이 영국 정부의 임무이다.

반(半)독립적인 법인과 행정 조직들을 설립하여 전통적이거나 새로운 정부의 일을 맡기는 것이 특히 중요하다. 그러면서도 민주주의 원칙이나 의회의 최종적인 주권을 훼손하는 일은 없어야 한다. 앞으로 이 문제들은 예전의 참정권과 상하 양원의 관계만큼 중요하고 어려워질 것이다.

내가 뭉뚱그려 남녀 문제로 묶은 문제들은 과거에는 당의 문제가 아니었다. 그 문제들이 공개적 논의의 주제가 된 적이 한 번도 없거나 거의 없었기 때문에 가능했던 현상이다. 그러나 지금은 모든 것이 바뀌었다. 이 문제만큼 대중의 관심을 많이 끄는 문제도 없다. 이 문제보다 더 광범위하게 논의되고 있는 문제도 없다. 이 문제는 사회적으로 중요한 의미를 지닌다. 또 의견 차이를 부르지 않을 수 없는 문제이기도 하다. 이 문제 중 일부는 경제 문제의 해결과도 깊이 얽혀 있다. 나는 남녀 문제가 정치 영역으로 곧 들어올 것이라는 점에 대해 조금도 의문을 품지 않는다. 여성 참정권 운동으로 매우 어설프게 시작되는 것 같지만, 그것은 표면 아래 숨어 있는 보다 깊고 중요한 이슈들의 한 측면일 뿐이다.

산아 제한과 피임 도구의 사용, 결혼법, 성폭행과 비정상적인 행위에 대한 처벌, 여성의 경제적 지위, 가족의 경제적 지위 등등….

현재 이 문제들을 다루는 법과 관행은 여전히 봉건적이다. 문명화된 의견이나 관행과는 완전히 단절되어 있고, 개인들이 사적으로 이야기하는 내용과도 영 딴판이다. 이 문제에 관한 의견 변화는 전체 인구로 치면 극히 적은, 교육 수준이 높은 계층에만 영향을 미친다는 식으로 주장하면서 자신을 속이는 일이 없도록 하자. 또 산아 제한이나 이혼 개혁이라는 개념에 충격을 받을 사람은 근로 여성뿐이라는 생각도 품지 않도록 하자. 근로 여성들에게 이 문제들은 새로운 자유를, 또 너무도 견디기 힘든 횡포로부터의 탈출을 의미한다.

이 문제들을 모임에서 공개적으로, 또 현명하게 논의하는 정당은 유권자들의 뜨거운 관심을 새롭게 발견할 것이다. 이유는 정치란 것이 모든 사람이 알기를 원하고 모든 사람의 삶에 영향을 강하게 미칠 문제들을 다루는 것이기 때문이다.

이 문제들은 풀기 힘든 경제적 이슈와도 얽혀 있다. 산아 제한의 경우에 한편으로는 여성의 자유와 관계있고, 다른 한편으로는 군대 규모와 예산 못지않게 인구 규모와도 직접적으로 연결되는 국가의 의무와 관계있다. 돈을 버는 여성의 지위와 가족 임금(Family Wage:

232

가족을 부양할 수 있을 정도의 임금을 말한다/옮긴이)이라는 프로젝트는 임금 노동의 수행과 무임금 노동의 수행이라는 측면에서 여성의 지위에 영향을 미치는 데서 끝나지 않는다. 그것들은 임금도 자유방임주의의 전통적인 이론에 따라 노동과 수요의 힘에 따라 결정되어야 하는 것인지, 아니면 그런 힘들에 제한을 가해야 하는 것인지에 대한 질문을 제기하기도 한다.

영국의 마약 문제는 실질적으로 음주 문제로 제한된다. 나 개인적으로는 도박도 이 범주에 넣었으면 하는 마음이다. 나는 알코올음료의 금지와 마권(馬券)의 금지는 사회적으로 유익할 것이라고 기대한다. 하지만 그렇게 한다고 해서 그 문제가 해결되지는 않을 것이다. 곧잘 권태에 빠지고 고통을 호소하는 인간에게 간혹 도피와 흥분, 자극, 변화의 기회를 허용한다면 어느 정도가 적절할까? 바로 이 물음이 중요하다. 난봉꾼들의 건강도 해치지 않고 주머니도 털지 않는다는 조건에서, 사투르날리아 축제(고대 로마 시절에 농업신을 기렸던 축제/옮긴이)와 카니발을 허용하는 것은 가능할까? 미국에서 중독자로 불리는 사람들 같은 불행한 계층을 저항하기 힘든 유혹으로부터 보호하는 것이 과연 가능할까?

이 질문에 대한 대답을 하기 위해 여기서 머뭇거릴 필요가 없다. 그 대신에 나는 모든 정치적 문제들 중에서 가장 크고, 또한 나 자신이 대답할 자격을 충분히 갖추었다고 생각되는 문제, 즉 경제 문제로 서둘러 넘어가겠다.

미국의 탁월한 경제학자 존 로저스 커먼스(John Rogers Commons: 1862-1945) 교수는 경제적 변화의 성격을 파악한 최초의 경제학자 중 한 사람으로 꼽힌다. 그는 경제적 변화를 3단계로 나누고, 우리가 지금 세 번째 단계로 접어들고 있다고 주장한다.

첫 번째 단계는 "비효율 때문"이거나 "폭력과 전쟁, 관습 혹은 미신"으로 야기된 '결핍의 시대'(era of scarcity)이다. 이 시대에는 개인의 자유는 최소한으로 축소되고 물리적 강제를 통해 공산주의적이거나 봉건적이거나 행정적 통제가 최대한으로 커진다. 중간중간에 예외적인 경우가 있긴 했지만, 15세기 또는 16세기까지의 세계경제 상황이 이 단계에 속한다.

그 다음에 '풍요의 시대'(era of abundance)가 온다. 극도로 풍요한 시기에는 개인의 자유가 최대한으로 커지고, 통치를 통한 강압적인 지배는 최소화된다. 그리고 개인 간의 거래가 배급을 대신한다. 17세기와 18세기의 사람들은 결핍의 굴레에서 벗어나 풍요의 자유로운 공기를 마시기 위해 힘겹게 앞으로 나아갔으며, 19세기 들어 자유방임주의와 자유주의의 역사적 승리로 풍요의 시대가 절정의 영광을 누렸다. 자유당의 거물들이 영화롭던 그 시대를 되돌아보는 것은 놀라운 일도 아니고 부끄러운 일도 아니다.

하지만 우리는 지금 세 번째 시대로 들어가고 있다. 커먼스 교수는 '안정의 시대'(era of stabilization)라 부르며, '마르크스(Karl Marx)의 공산주의를 실질적으로 대체할 수 있는 대안'이라고 규정한다. 이 시대로 접어들면, 개인의 자유가 줄어드는 현상이 나타난다. 부분적으로는 통치 조직의 제재 때문이지만, 온갖 주체들의 이해관계가 얽히며 일어나는 경제적 제재가 가장 큰 원인으로 꼽힌다. 그 제재는 은밀하고, 반(半)공개적이거나 공개적이고, 중재적일 수 있으며, 제재 주체는 협회와 법인, 조합 외에 제조업자와 상인, 노동자, 농민, 금융가 등 정말 다양하다.

이 시대를 통치 영역의 한쪽에서 악용한 것이 파시즘이고, 다른 한쪽에서 악용한 것이 볼셰비즘이다.

경제적 무질서로부터 사회 정의와 사회 안정을 위해 경제적 요인들을 정교하게 통제하는 것을 목표로 잡는 체제로 넘어가는 과정은 기술적으로나 정치적으로 엄청난 어려움을 제기한다. 그럼에도, 나는 '새로운 자유주의'(New Liberalism)의 진정한 운명이 그 어려움을 해결할 길을 찾는 것이 되어야 한다고 주장한다.

지금의 석탄 산업의 위치를 보면 영국의 현실을 지배하고 있는 개념의 혼동이 어떤 결과를 낳을 것인지 엿볼 수 있다.

한쪽에서 재무부와 뱅크 오브 잉글랜드가 공급과 수요의 자유로운 작용에 의해서만 경제적 조정이 가능하다는 전제에 바탕을 둔 19세기의 정책을 그대로 추구하고 있다. 또한 재무부와 뱅크 오브 잉글랜드는 자유경쟁과 자본과 노동의 이동성이라는 가설에 따라 일어났던 일들이 오늘날의 경제생활에서도 여전히 그대로 일어나고 있다고 믿고 있다.

다른 한쪽을 보면, 사실들뿐만 아니라 여론까지도 커먼스 교수가 '안정의 시대'라고 부른 쪽으로 아주 멀리 이동했다. 노동조합은 공급과 수요의 힘의 자유로운 작용을 간섭할 수 있을 만큼 강해졌다. 여론은 노동조합을 지지하면서도 노동조합이 위험스러울 정도로 커지고 있다는 의심과 불평을 동시에 표현하고 있다. 여론은 주로 광부들을 정작 광부 본인들과는 아무런 관계가 없는 경제적 요인의 피해자가 되도록 내버려둬서는 안 된다는 노동조합의 주장을 지지하고 있다.

구세계의 당의 견해, 예를 들면 화폐 가치에 변화를 준 다음에 수요와 공급의 힘에 맡겨 놓으면 저절로 조정된다는 식의 생각은 노동조합이 무력하고, 경제적 요인들이 '발전'이라는 고속도로에서 사고를 일으켜도 별다른 제재를 받지 않거나 심지어 칭송을 듣던 50년 내지 100년 전의 시대에나 어울린다.

정치인들이 갖고 있는 지혜의 반은, 한때 진실이거나 반쯤 진실이었으나 지금은 날이 갈수록 진실이 아닌 것으로 확인되고 있는 가설들에 근거하고 있다. 우리는 새로운 시대에 맞춰 새로운 지혜를 창조해야 한다. 동시에 사회에 이로운 일을 하길 원한다면, 우리는 정통에서도 벗어나고, 까다롭게 굴고, 위험을 감수해야 하며, 심지어 우리를 낳아준 사람들에게도 복종하지 않는 모습을 보일 수 있어야 한다.

경제 분야로 오면, 이는 무엇보다 경제적 힘들의 작동을 통제할 수 있는 정책과 도구를 새로 발견해야 한다는 것을 의미한다. 경제적 힘들이 사회의 안정과 정의 구현에 꼭 필요한 사상들을 심각하게 간섭하는 일이 일어나지 않도록 하기 위해서다.

오랫동안 다양한 형태로 이어질 이 정치 투쟁의 서막이 통화 정책을 중심으로 열리는 것은 결코 우연이 아니다. 19세기는 풍요의 철학에 따른 대가로 안정과 정의에 대한 간섭을 어느 정도 감내할 수밖에 없었는데 이때 안정과 정의를 가장 폭력적으로 간섭한 것이 바로 물가 수준의 변화였기 때문이다. 특히 당국이 19세기보다도 더 심하게 주민들에게 물가 수준의 변화를 강요하려 들 때, 이 변화의 결과는 현대의 사상과 제도에 받아들여지기 어렵다.

우리는 경제생활의 철학과 합리적인 것, 그리고 인내할 수 있는 것에 대한 의견을 바꿨으면서도 삶의 기술이나 좌우명엔 전혀 변화를 주지 않았다. 거기서 우리의 문제와 눈물이 시작되었다.

정당의 프로그램은 현실 속에서 실제로 일어나는 사건들이 가하는 압박과 자극을 강하게 느끼는 가운데 하루 단위로 세밀하게 짜여야 한다. 어떤 프로그램의 대체적인 윤곽을 미리 그려보는 것은 문제가 되지 않지만, 그 프로그램에 대해 사전에 정의하는 것은 쓸데없는 짓이다.

그러나 만약에 자유당이 힘을 회복하고자 한다면, 자유당은 먼저 의견과 철학, 방향부터 가져야 한다. 나는 정치에 대한 나 자신의 견해를 밝히려 노력하면서, 내가 글머리에 던진 '나는 자유주의자인가?'라는 질문에 대한 답변은 다른 사람들이 나의 글을 바탕으로 대답하도록 빈칸으로 남겨 둔다.

파트 IV

미래

1장

클리솔드

허버트 조지 웰스(Herbert George Wells: 1866-1946)와 그의 작품을 출간한 출판사는 신작 『윌리엄 클리솔드의 세계』(The World of William Clissold)를 선보이면서 아주 기발한 아이디어를 하나 짜냈다. 이 아이디어에 따라 출판사는 3명에게 책의 서평을 부탁했다. 이 시점에 그 일에 대해 다시 쓸 필요는 없을 것이다. 그러나 그 서평들을 먼저 읽고 책을 나중에 읽으면서 나는 전문적인 평자들의 언어에 큰 불만을 품게 되었다. 작품의 질을 따지지 않는, 즉 옥석을 가리지 않는 것이 현대 비평의 최대 약점이다.

웰스가 선택한 형식조차 평자들을 혼란스럽게 만들었다. 평자들이 작가가 추구하고 있는 것을 보지 못하고 있는 것이다. 평자들은 웰스가 영국 대중에게 내놓은 맛있는 쇠고기를 거부하고 있다. 이유는 엉뚱하게도 양고기의 경우에는 설익혀 먹으면 절대로 안 된다는 이유에서다. 혹은 평자들의 감수성은 작가의 넉넉함과 잡식성의 생명력, 그리고 작가가 수십만 독자들의 마음을 일순간에 사로잡으려는 듯 거대한 캔버스에 과감하게 긋는 붓의 힘과 폭에 반대하는·방향으로 더욱 예리해지고 있다.

웰스는 이 작품에서 개인적 경험과 삶의 방식에 의해 형성된 자신의 정신세계를 보여주는 것이 아니라, 앵글을 완전히 바꿔 자신의 경험과는 사뭇 다른 경험에 근거한 어떤 관점을 보여준다. 말하자면, 성공을 거두고, 전통에 얽매이지 않고, 어느 정도 과학적이고, 특별히 지적이지는 않은 영국 기업가의 정신세계가 펼쳐진다. 그 결과물은 우선 예술 작품이 아니다. 형식이 아닌 사상이 작품의 요체이다. 그것은 교훈적인 글쓰기, 그러니까 선전의 한 예이며, 이미 부분적으로 극소수의 사람들에게 친숙한 어떤 정신적 태도를 엄청난 수의 대중에게 퍼뜨리려는 시도이다.

이 책은 다양한 주제를 다루고 있다. 나는 그 중에서 경제적 성격이 강한 주제 2가지를 고를 생각이다. 이들을 제외한다면, 주요 주제는 여성들과 그들이 현대 세계에서 자신뿐만 아니라 클리솔드와 같은 유형의 남자들과 맺을 수 있는 관계이다. 이 주제는 솔직함과 공감, 관찰을 바탕으로 심도 있게 다뤄진다. 그런데 뒷맛이 쓰다. 그럴 의도였던 것 같다.

내가 선택한 주제 중 하나는 보수주의를 상대로 한 폭력적 항의이다. 변화의 필요성과 급박성, 과거를 회고하는 심리의 어리석음, 적응력 결여의 위험성을 지속적으로 강조하고 있다. 웰스는 엄청나게 긴 시간적 거리를 앞뒤로 오가며 생각에 빠짐으로써 재미있는 감정을 하나 엮어내고 있다. 그의 초기 로맨스 작품 몇 편과 비슷하다.

시간적 이동 때문에 오히려 느림의 인상을 준다(영원 속에선 서두를 필요가 전혀 없으니까). 그럼에도 그가 현재에 닿을 때에는 타임머신의 속도가 빨라진다. 그래서 '지금'에서는 우리가 엄청난 속도로 여행하며, 되돌아볼 수백만 년은 이미 존재하지 않는다. 이 작품에서 보수주의의 영향들은 멸종이 코앞으로 다가온 공룡으로 그려진다. 우리의 생각과 관습, 편견이 물질적 변화의 속도를 따라잡지 못한다. 환경이 우리가 이동할 수 있는 속도보다 훨씬 더 빨리 움직인다. 우리가 타고 여행하는 객실의 벽들이 우리의 머리와 부딪힌다. 우리가 서두르지 않으면, 자동차들이 우리를 쓰러뜨릴 것이다. 이렇듯 보수주의는 자살이나 다름없다. 우리의 공룡들에게 화가 있을진저!

한 가지 양상은 이렇다. 우리는 위험 앞에 가만히 서 있다. 시간이 흐른다. 그러나 거기에는 똑같은 일의 다른 양상이 있다. 클리솔드가 들어오는 것은 이 양상이다. 왕성하게 활동할 때면 마음이 시간과 함께 움직이는 현대인에게 가만히 정지해 있는 관습과 삶의 방식이 얼마나 따분하겠는가! 런던이 성공을 축하하며 벌이는 잔치와 축제는 또 얼마나 따분하겠는가! 의미를 잃어버린 사교 모임과 더 이상 즐거움을 주지 못하는 전통 오락을 참고 견디는 것이 얼마나 따분한 일이겠는가! 현대 무역업계에 종사하는 한 왕자의 활력 넘치고 건설적인 활동은 근무가 끝난 뒤에 그가 맞게 되는 환경과 극적 대조를 이룬다. 게다가, 돈벌이 중에도 생산적인 구석이라고는 전혀 없는 불모의 것들이 많다.

이 작품 첫 권에 도시 사람들의 끝없는 권태를 멋지게 표현한 문장이 있다. 회사의 창립자이며 투기꾼인 클리솔드의 아버지는 따분한 나머지 처음에는 과대망상증에 사로잡혔다가 나중에 사기꾼에게 넘어간다. 권태를 물리치기 위해서라도 두 손으로 사회적 삶이라는 부드러운 재료를 주물러 우리 자신을 동시대 이미지로 다시 만들도록 하자.

우리가 그냥 후대에 속하는 것은 아니다. 조상들이 우리만큼 성숙하고 파워를 누리던 때와 비교하면, 우리는 엄격한 의미에서 선조들보다 나이가 훨씬 더 많다.

웰스는 무시되어 온 현대 생활의 한 특징을 뚜렷이 드러내고 있다. 현대인은 옛날 사람들보다 더 오래 산다. 보다 중요한 것은 건강과 정력을 예전 같으면 쇠약해졌을 연령대까지 연장시킨다는 점이다. 그 결과, 이젠 보통 사람도 지금까지 예외적인 사람들만이 누릴 수 있었던 활동 기간을 기대할 수 있게 되었다.

나는 여기서 웰스가 간과하고 있는 사실을 하나 더할 수 있다. 지난 50년과 비교하면 다가올 50년 동안에 이 사실은 더욱 두드러질 것이다. 즉, 급속도로 증가하는 인구의 평균 연령이 정체 상태를 보이는 인구의 평균 연령보다 훨씬 더 낮다는 점이다.

예를 들어, 다음 두 세대 안에 예상되는 안정적인 조건에서, 지금에 비해 노인층(65세 이상) 인구가 거의 100%, 중년층(45세 이상) 인구가 거의 50% 더 많아지는 지점에 다소 빨리 접근하게 될 것이다. 19세기에는 실질적 파워를 쥔 사람들의 나이가 16세기에 비해 평균 15세 정도 많았을 것이다. 20세기가 다 가기 전에, 이 평균 연령은 또 다시 15세 많아질 것이다. 육체적 혹은 정신적 쇠퇴 외에, 꼭대기 연령층의 인구를 희박하게 만들 일이 달리 일어나지 않는다면, 어쨌든 인구 분포는 그런 식으로 전개될 것이다. 이 상황에서 클리솔드(60세라는 점을 기억하자)는 나에 비해 이점을 더 많이 확인하고 불리한 점을 덜 확인할 것이다.

대부분의 사람들은 나이가 들수록 돈과 안전을 더 사랑하고, 창조와 건설을 덜 사랑하게 된다. 이 과정은 디테일에 대한 지적 판단력이 흐려지기 오래 전부터 시작된다.

웰스가 섹스로 얼룩진 청소년들의 세계보다 성인의 세계를 선호하는 것은 옳을 수 있다. 그러나 그런 청소년의 세계와 돈의 지배를 받는 중년의 세계 사이의 거리는 아주 가깝다. 왕성하게 활동할 수 있는 상태에서 은퇴하는 사람들의 문제가 큰 위협으로 떠오르고 있다. 웰스도 리비에라의 보통 시민들을 묘사하면서 그런 예를 실감나게 전한다.

우리는 엄청난 속도로 변화하는 불만족스런 시대를 살고 있다. 이 시대에는 대부분의 사람들, 특히 전위에 선 사람들은 자신과 환경이 서로 조화를 이루지 못한다는 사실을 더욱 절실히 깨닫는다. 그 때문에 그들은 자신들보다 덜 세련되었던 조상들이나 자신들보다 훨씬 더 세련된 후손들에 비해 훨씬 덜 행복하다.

웰스가 현실의 실제 삶에 적용한 이 진단은 영국의 문학 비평가 에드윈 뮤어(Edwin Muir: 1887-1959)의 것과 기본적으로 똑같다. 뮤어는 비평집 『전이』(Transition)에서 예술과 명상의 삶을 사는 사람들에게서 그런 예를 본다. 뮤어에 따르면, 최고의 작가들은 이 세상에서 불편을 느낀다. 그래서 그들은 어떤 것도 100% 자신 있게 지지하거나 반대하지 못한다. 그 결과, 보다 행복했던 시대에 나온 작품과 비교하면 그들의 작품은 재능에 비해 수준이 다소 떨어진다. 그 작품들은 작가들이 이 우주에 대해 느끼는 감정처럼 무미건조하고, 불완전하고, 뭔가 결핍되고, 빈혈을 앓는 것 같다.

요약하면, 우리는 지금 서 있는 곳에 그대로 머물지 못한다. 우리는 언제나 움직이고 있다. 반드시 더 나아지거나 더 못해지기 위해서가 아니라 단지 균형 상태를 유지하기 위해서 움직이고 있다. 하지만 그 움직임이 더 나은 쪽으로 이뤄지지 않는 이유는 무엇인가? 현대인이 물질적 정복에서 정신적 열매를 거둬들이기를 기대하면 곤란한 이유는 무엇인가? 그렇다면 바람직한 변화의 동력은 어디서 와야 하는가? 바로 이 질문이 우리를 웰스의 두 번째 주제로 이끈다.

웰스는『윌리엄 클리솔드의 세계』첫 권에서 사회주의에 대한 주인공의 환멸을 그리고 있다. 이어 웰스는 3권에서 대안이 있는지 묻는다. 이 세상의 법들과 관습, 규칙과 제도를 바꿀 힘들을 어디서 끌어낼 수 있는가? 이 책에 이런 질문이 나온다. "혁명가들은 어떤 계층에서, 어떤 부류에서 나와야 하는가? 어떻게 하면 혁명가들이 서로 협력하도록 만들 수 있는가? 혁명가들이 취할 수 있는 방법은 무엇인가?" 노동운동은 아이디어 대신에 감정을 중요하게 여기는 감상적인 사람들과 사이비 지식인들이 주도하는, 거대하고 위험한 파괴의 힘으로 그려지고 있다. 이런 사람들의 머릿속에서는 아마 건설적인 혁명이 잉태되지 못할 것이다. 인류의 창의적인 지성은 이 부류에서는 발견되지 않고 과학자와 현대의 훌륭한 기업가들 사이에서 발견된다.

만약 우리가 일에 이런 유형의 정신과 성격, 기질을 불어넣지 못한다면, 어떤 일이든 완벽하게 마무리될 수 없다. 일이 지적으로 대단히 어렵고 복잡하기 때문이다. 그러므로 우리는 좌파가 아니라 우파에서 혁명가들을 끌어와야 한다. 우리는 위대한 사업을 창조하는 일이 즐거움이 될 수 있는 사람에게, 그를 즐겁게 해 줄 더 큰 일이 앞에 기다리고 있다고 설득시켜야 한다. 이것이 클리솔드가 말하는 '공개적 음모'이다.

클리솔드의 방향은 좌파 쪽으로 기울고 있다. 그러나 그는 우파로부터 창의적인 힘과 건설적인 의지를 끌어내려고 노력한다. 그는 자신을 기질적으로, 또 근본적으로 자유주의자로 그린다. 그러나 정치적 자유주의는 "더 뚜렷한 특성과 더 분명한 의지를 갖고 다시 태어나기 위해서" 반드시 죽어야 한다.

클리솔드는 사회당에 대한 어떤 반발을 표현하고 있다. 사회주의자들을 포함한 많은 사람들이 그 반발을 느끼고 있다. 이 세상을 다시 개조하는 작업은 창조적인 브라흐마(Brahma: 힌두교에서 우주 창조에 주역을 맡은 최고의 신/옮긴이)의 손길을 필요로 한다. 그러나 지금 브라흐마는 과학과 산업에 이바지하고 있지 정치나 행정에 이바지하고 있지 않다. 클리솔드의 표현을 빌리면, 이 세계의 극단적인 위험은 "창조적인 브라흐마가 작업에 들어가기 전에, 시바(Siva: 힌두교에서 원래는 부와 행복을 의미했으나 나중에 파괴를 의미하게 된 신. 시바신이 지상에 나타난 것이 왕이라고 한다/옮긴이), 다시 말해 노동의 격정적인 파괴성이 불필요한 제한과 박탈에 눈을 뜨면서 브라흐마의 과업을 불가능하게 만들어 버릴 수 있다"는 점이다. 우리 모두가 이에 공감할 것이라고 나는 생각한다. 우리는 때를 놓치기 전에 브라흐마가 일을 할 수 있는 환경을 시급히 만들 필요가 있다. 따라서 모든 정치 진영에서 적극적이고 건설적인 기질의 사람들이 어느 선까지 '공개적 음모'에 가담할 준비가 되어 있다.

그렇다면 그들이 나서지 못하도록 막고 있는 것은 무엇인가? 내 생각에는 『윌리엄 클리솔드의 세계』가 통찰력을 결여하고 있는 대목인 것 같다. 실용적인 사람들이 '공개적 음모'에 가담하는 것보다 돈 버는 일을 더 즐거워하는 이유는 무엇인가? 나는 일요일에 교회에 나가는 것보다 집에서 바둑을 두는 것이 더 즐거운 것과 아주 비슷한 이유일 것이라고 짐작한다. 그런 사람들은 동기부여도 부족하고, 신앙도 약하다. 잠재적 '공개적 음모자들'에겐 신조라는 것이 전혀 없다. 그들이 과학자나 예술가가 될 운을 타고나지 않은 탓에 과학이나 예술을 추구하지 않고 돈을 추구하게 되었을 때에도 돈이라는 대용품에 만족하면서 그 일에 별 불평 없이 종사하게 되는 이유도 그 때문이다.

클리솔드는 노동당의 열성 추종자들을 향하여 "저들은 생각은 없고 감정뿐이야."라고 비난한다. 그래도 그는 그들이 감정을 갖고 있다는 것까지 부정하지는 않는다. 어쩌면 클리솔드가 결여하고 있는 뭔가를 가엾은 미스터 쿡이 갖고 있는 것은 아닐까? 클리솔드와 팡고 전문가인 그의 형제 딕슨은 자신들의 넘치는 리비도(생명력)를 쏟을 무엇인가를 찾아 세상을 떠돈다. 그러나 그들은 아무것도 발견하지 못한다. 그들은 사업가로 그대로 남는다.

나는 수 십 개의 주제를 다루고 있는 책에서 두 가지 주제를 취했다. 그 주제들도 공평하게 다뤄지지 않았다. 웰스보다 대학에 대해 훨씬 더 많이 아는 나는 그가 대학을 묘사한 수준에 대해 만화에나 어울릴 정도의 요소만 담고 있다고 감히 말한다. 그는 대학들의 가능성을 낮게 평가했다. 대학들이 어떻게 시바까지도 존경하는 브라흐마의 신전이 될 수 있는지를 제대로 보여주지 못했다. 그럼에도 『월리엄 클리솔드의 세계』는 전체적으로 볼 때 위대한 성취이며, 훌륭한 암탉이 낳은 훌륭한 알이고, 독특하고 진실하고 관대한 영혼의 분출임에 틀림없다.

우리가 전에 없이 순수 예술에 대해 이야기를 많이 하고 있지만, 지금은 순수 예술가들에게 좋은 시절이 아니다. 이 시대는 또한 인문학적 재능에도 유리하게 작용하는 때가 아니다.

오늘날 작품을 많이 발표하는 작가들은 결함투성이이다. 그들은 자신을 심판에 맡긴다. 그들은 불멸이기를 원하지 않는다. 아마도 이런 이유들 때문에 그들의 동시대인인 우리가 그들에게 도움을 주고, 그만큼 우리가 그들에게 진 빚도 적을지 모른다.

지식인이라면 예외 없이 버나드 쇼(Bernard Shaw)에게 얼마나 많은 빚을 지고 있는가! 허버트 조지 웰스에게 진 빚은 또 얼마인가!
웰스의 정신은 독자들의 마음과 나란히 성장한 것처럼 보인다. 웰스
가 소년부터 어른까지 각 단계를 거치면서 우리를 즐겁게 해 주었
고 우리의 상상력을 키워주었으니….

손자 세대의 경제적 가능성

1930년

I

지금 우리는 옳지 않은 경제적 비관주의의 공격에 시달리고 있다. 어딜 가나 19세기의 특징이던 위대한 경제발전의 시대가 끝났다는 소리가 들린다. 생활 수준의 급속한 향상이 둔화되고 있다는 소리도 심심찮게 들린다. 여하튼 영국에서는 비관주의의 목소리가 커가고 있다. 아울러 다가올 10년 동안에 경제적 번영보다 쇠퇴를 경험할 가능성이 더 크다는 우려 섞인 목소리도 자주 들린다.

　나는 이런 것이 지금 우리의 현실을 완전히 잘못 해석한 탓에 생긴 것이라고 믿는다. 우리가 고통을 당하고 있는 것은 고령에 따른

파트 IV 미래　251

류머티즘 때문이 아니다. 지나치게 급속한 변화에 따른 성장통일 뿐이다. 두 개의 경제 주기 사이의 재조정에 따른 고통인 것이다.

기술적 효율성이 우리가 노동 흡수 문제를 다룰 수 있는 속도보다 훨씬 더 빨리 향상되고 있다. 또 생활 수준의 향상도 지나치게 빨리 이루어졌다. 세계의 금융 제도와 화폐 제도가 경제의 평형을 이루는 데 필요한 이자율의 하락을 막아 왔다. 그렇다 하더라도, 경제적 낭비와 그에 따른 혼돈은 국민소득의 7.5% 수준에 지나지 않는다.

우리는 1929년에 영국 산업의 생산량이 과거 어느 때보다 더 컸다는 사실을 망각하고 있다. 또 우리가 신규 외국 투자로 돌릴 수 있는 국제수지 순(純)잉여는 지난해 기준으로 볼 때 우리의 수입 대금을 전부 결제하고도 다른 어느 나라보다 더 크다. 미국보다도 50% 정도나 더 크다.

이해를 돕기 위해 비교를 하도록 하자. 영국의 임금을 반으로 줄인다고 가정하자. 또 국가 부채의 5분의 4에 대한 지불을 거부하고, 우리의 잉여 부(富)를 연 6% 이상의 이자율로 빌려주지 않고 금으로 축적한다고 가정해보자. 그러면 우리는 오늘날 그렇게 부러움을 사는 프랑스와 비슷해지게 될 것이다. 하지만 이것이 진정한 개선인가?

지금 세계를 위협하고 있는 불황과, 가뜩이나 결핍을 느끼는 가운데 실업까지 덮쳐 야기된 엄청난 혼란, 그리고 우리가 저지른 돌이킬 수 없는 실수 등이 상호 작용하면서 우리로 하여금 표면 아래 보이지 않는 곳에서 벌어지고 있는 일들을 제대로 보지 못하도록 만든다. 이런 요소들이 지금 현실에서 일어나고 있는 사태의 추이를 정확히 해석하는 작업을 가로막고 있는 것이다.

나는 지금 목소리를 크게 높이고 있는 비관주의의 실수 두 가지가 우리 세대가 끝나기도 전에 잘못된 것으로 입증될 것이라고 예상한다. 현재의 사태가 너무 심각하기 때문에 폭력적인 변화 외에 그 어떤 것도 우리를 구하지 못한다는 혁명가들의 비관주의가 그 하나이고, 경제생활과 사회생활의 균형을 맞추는 과업을 매우 불확실한 것으로 본 나머지 어떤 실험의 위험도 감수하려 해서는 안 된다고 생각하는 보수주의자들의 비관주의가 다른 하나이다.

하지만 내가 이 에세이를 쓰는 목적은 현재나 가까운 미래를 검토하기 위한 것이 아니라 나 자신부터 단견을 벗어던지고 새로운 날개를 달고 미래로 날기 위한 것이다. 앞으로 100년 후, 우리가 합리적으로 기대할 수 있는 경제적 삶의 수준은 어느 정도일까? 우리 손자들이 누릴 경제적 기회는 어떨까?

인간이 기록을 남긴 초기부터, 즉 예수 그리스도가 탄생하기 2,000년 전부터 18세기 초까지, 그 길고 긴 기간에 이 지구의 문명화된 중심지에 살았던 평균적인 사람의 생활 수준에 획기적인 변화는 전혀 없었다. 물론 향상과 후퇴는 있었다. 전염병과 기근, 전쟁의 발발이 있었다. 그 사이 황금기도 물론 있었다. 그러나 혁신적이고 급격한 변화는 전혀 없었다. A.D. 1700년에 끝난 4,000년의 기간에 일부 시기는 다른 시기보다 50% 정도, 아마 최고 100% 정도 더 낫기도 했다.

이처럼 느린 발전 속도 혹은 발전의 결여는 두 가지 이유 때문이었다. 기술적 향상이 두드러지지 않았고, 자본 축적이 이뤄지지 않은 점이 이유로 꼽힌다.

선사 시대부터 근대가 시작할 시기 사이의 그 긴 세월 동안에 중요한 기술 발명이 없었다는 점은 정말 놀랍다. 현대가 시작될 때 이 세상이 소유했던 거의 모든 것은 역사의 여명기에 이미 인간에게 알려진 것들이었다. 언어, 불, 가축, 밀, 보리, 포도나무와 올리브, 쟁기, 바퀴, 노, 돛, 가죽, 리넨과 옷, 벽돌과 항아리, 금과 은, 구리, 주석과 납, 금융과 정치, 수학, 천문, 종교가 그렇고, 철이 B.C. 1000년 이전에 그 목록에 더해졌다. 우리 인류가 이런 것들을 언제 처음 소유하게 되었는지를 알려주는 기록은 전혀 없다.

역사의 여명기 이전 어느 지점에, 아마도 마지막 빙하기 전에 기후가 조금 따뜻했던 어느 시점에 우리가 오늘날 누리고 있는 진보와 발명과 견줄 만한 진보와 발명이 이뤄졌음에 틀림없다. 그러나 그 후엔 그 정도의 진보와 발명은 한 번도 없었다.

내가 생각하기에 16세기에 처음 나타난 자본의 축적으로 근대가 시작된 것 같다. 나는 자본 축적이 물가 인상과 그에 따른 이익 때문에 일어났다고 믿는다. 스페인이 신세계에서 구세계로 가져온 금과 은에서 그런 이익이 발생했다. 그때부터 오늘까지, 복리(複利)에 의한 축적이 힘을 발휘했다. 지난 200년 동안 복리가 발휘한 힘을 분석해 보면 상상을 초월한다.

복리의 힘을 구체적으로 숫자를 들어가며 살피도록 하자. 오늘날 영국의 외국 투자의 가치는 40억 파운드로 평가된다. 이 투자는 영국인들에게 약 6.5%의 수익을 안겨준다. 영국은 그 중 반을 국내로 가져와 즐긴다. 나머지 반, 즉 3.25%는 복리로 다시 외국에 남긴다. 이런 형태의 투자가 지금까지 250년 가량 이어지고 있다.

나는 영국 외국 투자의 기원을 프랜시스 드레이크(Francis Drake)가 1580년에 스페인으로부터 훔친 보물로 본다. 그해 그는 골든 하인드 호에 엄청난 양의 노획품을 싣고 영국으로 돌아왔다. 엘리자베스 여왕도 그 탐험에 돈을 댄 신디케이트의 대주주였다. 엘리자베스 여왕은 거기서 얻은 몫으로 영국의 외채 전부만 아니라 자신의 빚까지 다 갚고도 4만 파운드를 손에 쥘 수 있었다. 이것을 그녀는 레반트 컴퍼니(Levant Company)에 투자했는데, 이 회사 또한 번창했다. 레반트 컴퍼니의 이익금에서 동인도회사가 설립되었다. 이 거대한 사업에서 벌어들인 이익금이 그 후 영국 외국 투자의 바탕이 되었다. 4만 파운드를 연 3.25%의 복리로 맡겼다면 오늘날 영국 외국 투자의 규모와 비슷하게 되었을 것이다. 말하자면 40억 파운드가 된다는 뜻이다. 그렇기 때문에 드레이크가 1580년에 영국으로 가져온 돈의 경우 1파운드가 오늘날 10만 파운드가 되어 있다는 뜻이다. 그런 것이 바로 복리의 힘이다.

16세기에 시작된 과학과 기술 발명이 18세기 들어 속도를 점점 더 높였다. 그러다 19세기 초부터는 가히 홍수라고 부를 만큼 기술 발명이 눈부시게 이뤄졌다. 석탄, 증기, 전기, 석유, 강철, 고무, 면화, 화학 산업, 자동 기계와 대량 생산 방식, 무선(無線), 인쇄, 뉴턴(Isaac Newton), 다윈(Charles Darwin), 아인슈타인(Albert Einstein) 등. 이외에도 그 시기에 유명해지거나 친숙해진 사람이나 물건은 이루 나열할 수 없을 정도로 많다.

그 결과 어떻게 되었는가? 세계 인구의 엄청난 증가로 인해 주택과 기계의 필요성이 크게 높아졌음에도, 유럽과 미국의 평균 생활 수준도 마찬가지로 크게 향상되었다. 내 생각에는 4배 정도 높아진 것 같다. 특히 자본의 증가는 과거 어느 시기를 기준으로 해도 100배 이상 늘어났다. 이젠 인구 증가도 그렇게 클 것으로 예상되지 않는다.

만약 자본이 해마다 2% 증가한다면, 세계의 자본 설비는 20년마다 50% 가량 증가하고, 100년이면 7.5배가량 증가하게 된다. 이것을 집과 운송과 같은 물질적인 것을 바탕으로 한번 상상해보라.

동시에 제조업과 운송 분야의 기술 향상도 지난 10년 동안 역사 속의 어느 때보다 더 큰 비율로 이뤄지고 있다. 미국에서는 1925년의 노동자 일인당 공장 생산량이 1919년보다 40% 높아졌다. 유럽에서 일시적 장애 때문에 주춤하고 있지만, 그렇다 하더라도 기술적 효율성은 매년 1% 이상 향상되고 있다고 말해도 무방하다.

지금까지 주로 제조업에 영향력을 발휘해 온 혁명적 기술 변화가 곧 농업으로 확산될 것이라는 증거가 있다. 식량 생산도 광산과 제조업, 운송 분야에서 일어난 것 못지않게 큰 생산성 향상을 이루기 직전의 단계에 놓여 있다. 몇 년 후면, 아마 농업과 광산, 제조업 분야의 작업을 지금 인력의 4분의 1로 처리하는 날이 도래할 것이다.

한동안은 바로 이 변화의 급격한 속도가 우리를 괴롭히고 해결하기 힘든 문제들을 안겨주고 있다. 발전의 전위에 서 있지 않은 나라들이 상대적으로 더 심한 고통을 받고 있다. 영국인은 지금 다른 나라 사람들에게는 이름조차 알려져 있지 않은 새로운 질병에 걸려 괴로워하고 있다. 하지만 그 질병을 모르고 있는 이웃들도 곧 몇 년 안에 그 병에 대해 귀가 따갑도록 듣게 될 것이다. 그 질병이란 바로 '기술적 실업'(technological unemployment)이다. 이는 노동력을 효율적으로 활용하는 기술을 발견하는 속도가 노동력을 투입할 용도를 발견하는 속도보다 더 빨라서 일어나는 실업을 의미한다.

하지만 이것은 일시적인 조정 실패에 지나지 않는다. 이 모든 것은 결국 인류가 경제 문제를 해결해가고 있다는 것을 의미한다. 나는 발전을 구가하는 국가의 생활 수준이 100년 후에는 지금보다 4배에서 8배까지 높아질 것이라고 짐작한다. 현재의 지식에 비춰보아도 이 수치에 놀라워해야 할 것이 하나도 없다. 그보다 훨씬 더 큰 발전의 가능성을 생각하는 것도 어리석은 짓이 아닐 것이다.

II

논의를 위해 앞으로 100년 후 우리 모두가 경제적 측면에서 평균적으로 따져 지금보다 8배 잘 산다고 가정해보자. 분명히 말하지만, 이 가정에는 우리를 놀라게 만들 요소가 하나도 없다.

인간 존재들의 욕구는 결코 만족을 모를 것이라는 말은 사실이다. 그러나 그 욕구는 두 종류로 나뉜다. 동료들의 처지와 상관없이 느끼게 된다는 의미에서 말하는 절대적 욕구가 있는가 하면, 동료들보다 자신이 더 나아야만 직성이 풀린다는 의미에서 말하는 상대적 욕구가 있다. 두 번째 부류의 욕구, 그러니까 다른 동료들보다 더 낫고 싶어 하는 욕구는 정말 만족을 모를 수 있다. 사회 전반의 수준이 높아지면 욕구도 그만큼 더 커질 것이기 때문이다.

그러나 절대적 욕구의 경우에 이 말은 진실이 아니다. 어느 지점까지 쉽게 도달할 수 있다. 아마 우리 모두가 생각하고 있는 것보다 훨씬 더 빨리 그 지점에 도달하게 될 것이다. 우리가 자신의 에너지를 비경제적인 목적에 쏟고 싶다는 생각이 들 때가 바로 그 지점이다. 절대적 욕구가 만족되는 지점인 것이다.

이제 결론을 말할 때가 되었다. 독자 여러분이 깊이 생각할수록 더욱 놀랍게 여기게 될 결론이라고 나는 생각한다.

큰 전쟁이 일어나지 않고 인구의 급격한 증가가 없다는 가정 하에서, 나는 100년 안에 경제 문제가 해결되거나 적어도 해결책이 가시권에 들어올 것이라고 결론을 내린다. 이는 곧 우리가 미래를 본다면 경제 문제가 인류의 영구한 문제가 아니라는 뜻이다.

이 결론이 왜 그렇게 놀라울까? 이유는 이렇다. 우리가 미래를 보지 않고 과거를 본다면, 지금까지 경제 문제와 생존 투쟁이 인류의 최대 문제였다는 사실이 확인되기 때문이다. 인간에게만 국한된 이야기가 아니다. 생물 왕국의 모든 종(種)이 매우 원시적인 형태로 생명을 시작한 이래로 그 문제로부터 한 번도 자유롭지 못했다. 그러므로 인간은 태생적으로 경제 문제 해결이라는 목적을 추구하도록 진화하고 있는 것이다. 경제 문제가 해결된다면, 인류는 전통적인 목적을 하나 잃는 셈이다.

이것이 인간에게 유리하게 작용할까? 만약 사람이 삶의 진정한 가치를 믿는다면, 경제 문제의 해결이라는 희망은 많은 가능성을 열어준다. 그럼에도 나는 보통 사람들이 무수한 세월을 내려오면서 익힌 습관과 본능을 재조정하는 작업이 무척 힘들 것이라고 생각한다.

오늘날의 언어를 빌리면, 혹시 전반적인 '신경쇠약' 같은 것을 걱정해야 하는 것은 아닐까? 우리는 이미 지금 내가 말하고 있는 현상을 조금씩 확인하고 있다. 영국과 미국을 보면 부유한 계층의 부인들 사이에 그런 증상이 심심찮게 나타나고 있다. 그들은 이를테면 부에 의해 전통적인 임무와 직업을 박탈당한 불행한 여인들이다. 경제적 필요라는 동인을 잃어버린 상태에서 요리하고 청소하고 수선하는 일에 재미를 충분히 느끼지 못하면서도 그보다 더 즐거운 것을 찾지 못한 부류의 여성들이 여기에 속한다.

일용할 빵을 벌기 위해 땀을 흘리는 사람들에게 여가는 간절히 바라는 호사이다. 그것을 누리게 되기 전까지는 그렇다.

늙은 날품팔이 여자가 자신의 묘비에 남기는 전형적인 문구는 대략 이렇다.

친구들이여, 나를 위해 슬퍼하거나 울지 마오.
이제 나는 영원히 아무 일도 하지 않아도 좋을 것이니.

이것이 그녀의 천국이었다. 여가를 간절히 기대하는 다른 많은 사람들처럼, 그녀도 한가로이 음악을 들으며 시간을 보내는 것이 너무나 즐거울 것이라고 생각했다.

천국에는 찬송가와 달콤한 음악이 흐르겠지만.

그래도 나는 노래와 아무 상관없을 거야.

그럼에도 천국은 인생은 견딜 만할 것이라고 노래 부를 수 있는 사람들을 위한 것이다. 우리들 중에서 그런 노래를 부를 수 있는 사람이 과연 몇 명이나 될까?

따라서 인간은 세상에 창조된 이후 처음으로 진정한 문제에 봉착하게 될 것이다. 경제적 걱정에서 풀려난 자유를 어떻게 활용할 것이며, 과학과 복리(複利)가 안겨줄 여가 시간을 어떤 식으로 채우며 인생을 알차게 살 것인가 하는 문제가 그것이다.

불굴의 정신으로 돈을 추구하는 사람들이 우리 모두를 경제적으로 풍요로운 환경으로 이끌 것이다. 그러나 풍요로운 시대가 도래할 때 그 풍요를 즐길 수 있는 사람은 삶의 기술을 활짝 꽃피우고 생계수단을 벌기 위해 자신을 팔지 않아도 되는 사람들일 것이다.

내가 생각하기엔, 두려움을 느끼지 않는 가운데 여가와 풍요의 시대를 기대할 수 있는 국가나 사람은 어디에도 없는 것 같다. 이유는 인간이 즐기지 않고 뭔가를 얻으려고 애쓰는 일에만 너무 오랫동안 익숙해 있기 때문이다. 특별한 재능을 전혀 갖지 못한 보통 사람에게는 인생을 살아가는 것 자체가 무서운 문제가 될 것이다. 전통적인 사회의 토양이나 관습, 제도에 더 이상 뿌리를 내리고 있지 않은 사람이라면, 그런 현상은 특히 더 심할 것이다. 어느 국가든 오늘날 부유한 계층의 행태와 성취에 비춰보면, 이 같은 전망이 정말로 두렵게 느껴지지 않을 수 없다. 그들이야말로 소위 우리의 첨병들이기 때문이다. 우리를 대신해 약속된 땅이 어디 있는지를 염탐하고, 그곳에 주둔지를 설치하려고 애쓰는 사람들이 바로 그들이 아닌가.

우리가 경험을 조금만 더 쌓으면 새로 발견한 자연의 축복을 오늘날 부유한 사람들과는 크게 달리 사용할 것이며, 삶의 계획을 그들과 상당히 다르게 고안해낼 것이라고 나는 확신한다.

다른 분야에서도 변화가 기대된다. 부의 축적이 더 이상 사회적으로 매우 중요한 덕목으로 꼽히지 않게 되면 도덕규범에 큰 변화가 일어날 것이다. 우리는 200년 동안 우리를 짓눌러왔던 가짜 도덕 원칙들 중 많은 것들로부터 자유로워질 것이다. 그런 가짜 도덕 원칙 때문에 우리가 인간의 본성 중에서도 가장 혐오스런 것을 최고의 미덕으로 떠받들지 않았는가. 그렇게 되면 우리는 감히 화폐 동기의 진정한 가치를 평가할 수 있게 될 것이다.

소유물로서의 돈에 대한 사랑은 본래의 성격 그대로 다소 혐오스럽고 병적인 성향으로 인식될 것이다. 삶에 필요한 것을 구입하고, 인생의 즐거움을 누리는 수단으로 돈을 사랑하는 마음과는 뚜렷이 구분될 것이다. 또 오늘날 자본 축적에 도움이 된다는 이유로 매우 혐오스럽고 불공정하게 느껴져도 눈을 감아주고 있는 모든 종류의 사회적 관습과 경제적 관행을 폐기할 수 있는 길도 마침내 열릴 것이다.

물론 그때도 여전히 만족을 모르고 맹목적으로 부를 추구하는 사람이 많을 것이다. 돈에 대한 욕망을 대체할 긍정적인 뭔가를 발견하지 못하는 사람들은 그럴 수밖에 없을 것이다. 하지만 우리 대부분은 그런 사람들을 칭송하고 고무해야 한다는 의무감을 더 이상 느끼지 않아도 좋을 것이다. 우리는 자연이 거의 모든 사람에게 내린 '합목적성'의 진짜 본질에 대해 지금보다 더 진지하게 파고들 것이다. 왜냐하면 합목적성이 우리가 자신의 행동이 환경에 즉시적으로 미칠 영향보다 먼 미래에 초래할 결과에 관심을 더 많이 기울인다는 것을 의미하기 때문이다.

"합목적적인" 사람은 자신의 행동에 대한 관심을 미래 지향적인 방향으로 돌림으로써 언제나 자신의 행동에 망상적인 불멸성을 부여하려고 노력한다. 그런 사람은 자신의 고양이를 사랑하지 않지만 그 고양이가 낳은 새끼는 사랑한다. 사실은 그 새끼고양이도 사랑하지 않고 그 새끼고양이의 새끼만을 사랑한다. 그런 식으로 고양이 왕국 끝까지 영원히 나아간다. 그에게 과일 잼은 내일의 잼이 아닌 이상 잼이 아니다. 오늘의 잼은 절대로 잼이 아니다. 그래서 잼을 언제나 미래로 미루면서, 그는 과일을 졸이는 자신의 행위에 어떤 불멸성을 부여하려고 노력한다. 이 대목에서 루이스 캐럴(Lewis

Carroll)의 작품 『실비와 브루노』(Sylvie and Bruno)에 등장하는 교수를 떠올려보자.

"저…, 양복점 재단사인데요. 청구할 돈이 조금 있어서 그럽니다."
문밖에서 아첨 섞인 소리가 들려왔다.

"잠깐, 내가 해결하마."라고 교수가 아이들에게 말했다. "올해는 얼마인가요?" 교수가 묻는 사이에 재단사가 들어왔다.

"교수님께서도 아시다시피, 아주 오래 전부터 해마다 배로 오르고 있어요." 재단사가 약간 거친 목소리로 대답했다. "이제는 돈을 주셨으면 하는데요. 2,000파운드군요."

"아, 아직 그것밖에 안 되는군." 교수는 호주머니를 뒤지면서, 적어도 그만한 돈은 언제나 갖고 있다는 듯이 태연하게 말했다. "하지만 1년 더 기다렸다가 4,000파운드로 늘리는 거 어때요? 당신이 얼마나 부자가 될 것인지 상상해봐요. 아마 당신이 원하기만 하면 왕도 될 수 있지 않을까!"

"왕 따위엔 관심이 없어요." 남자가 생각에 잠긴 표정으로 말했다. "그런데 그만한 돈이면 멋질 것 같군요! 좋아요, 기다릴 수 있을 것 같아요."

"당연히 그래야지!"라고 교수가 말했다. "역시 당신은 현명해. 잘 가시길!"

"저 사람에게 4,000파운드를 지급한다고요?" 채권자가 나가고 문이 닫히자마자, 실비가 물었다.

"애야, 절대로 그런 일은 없을 거야!" 교수가 힘을 주어 대답했다.

"저 사람은 죽을 때까지 계속 돈을 배로 늘려갈 거야. 너도 알겠지만, 그만한 돈을 배로 늘릴 수 있다면, 언제나 1년을 기다릴 만하거든!"

불멸에 대한 약속을 종교의 핵심으로 끌어들인 인간이 또한 복리(複利)의 원리를 찾아내고 인간의 제도 중에서 목적성이 가장 강한 이 원리를 특별히 사랑하는 것은 아마 우연이 아닐 것이다.

이제 우리는 종교의 가장 확실한 가르침과 전통적인 미덕으로 마음의 부담을 전혀 느끼지 않고 돌아갈 수 있게 되었다. 탐욕은 악덕이고, 고리대금 행위는 비행(非行)이고, 돈에 대한 집착은 혐오를 살 만하고, 내일을 지나치게 걱정하지 않는 자가 미덕과 지혜의 길을 진정으로 걷는 사람이라고 생각할 수 있게 된 것이다. 우리는 다시 수단보다 목적을 더 높이 평가할 것이고, 유용한 것보다 훌륭한 것을 더 선호할 것이다. 우리는 하루하루를, 매 순간을 고결하고 알차게 살아가는 방법을 가르쳐주는 사람들을 존경하고, 또 사물 자체에서, 들판의 백합에서 직접 즐거움을 끌어낼 수 있는 유쾌한 사람들을 높이 평가할 것이다.

그러나 명심해야 할 게 있다. 이 모든 것이 일어날 수 있는 때는 아직 오지 않았다. 우리는 적어도 앞으로 100년 동안은 더 자기 자신은 물론이고 다른 사람들에게도 아름다운 것은 사악하고 사악한 것은 아름다운 척 꾸며야 한다. 그 이유는 사악한 것이 쓸모가 있고 아름다운 것이 쓸모가 덜하기 때문이다. 한동안은 탐욕과 고리대금, 미래 대비가 우리의 신(神)이 되어야 한다. 그런 것들만이 경제적 궁핍이라는 컴컴한 터널에서 밝은 곳으로 우리를 끌어낼 것이기 때문이다.

따라서 나는 그리 멀지 않은 날에 인간의 물질적 환경에 엄청난 변화가 일어날 것이라고 예상한다. 그러나 그 변화는 어디까지나 점진적으로 일어나지 재앙처럼 순식간에 닥치지는 않을 것이다. 정말로, 그 변화는 이미 시작되었다. 변화가 전개되는 방식은 단순하다. 경제 문제에서 자유롭게 벗어난 계층의 규모가 점점 더 커져가는 것 자체가 그런 변화이다. 이런 조건이 사회 전반의 현상으로 자리 잡으면서 사람들이 자신의 이웃에게 느끼는 의무의 본질이 바뀌게 될 때, 결정적으로 중요한 변화가 실현될 것이다. 그때가 되면 자기 자신을 위해 돈에 매달리는 것은 합당하게 받아들여지지 않을 것이지만 다른 사람의 경제적 어려움을 걱정해 주는 것은 합당하게 받아들여질 것이다.

우리가 경제적 축복이라는 목적지에 닿기까지 시간이 얼마나 더 걸릴 것인지는 4가지 사항에 좌우될 것이다. 인구를 조절하는 능력, 전쟁과 시민들 사이의 충돌을 피하려는 결의, 과학의 관심이 나아갈 방향을 과학에 맡기려는 의지, 생산과 소비의 차이로 결정되는 축적률이 그 요소들이다. 이 중에서 축적률이 다른 3가지 요소에 비해 자동적인 측면이 강하다.

한편, 각자의 운명을 위해 스스로 조금씩 준비하고, 목적이 뚜렷한 활동만 아니라 삶의 기술을 고무하고 실험한다고 해서 손해될 것은 하나도 없다.

그러나 경제 문제의 중요성을 지나치게 과대평가하거나, 경제 문제에 대한 예상 때문에 그보다 더 위대하고 더 영구한 의미를 지니는 일들을 희생시키는 일은 없어야 한다. 경제 문제는 치과의술처럼 전문가들의 문제가 되어야 한다. 만약 경제학자들이 치과의사들처럼 겸손하고 유능한 존재라는 소리를 들을 수 있게 된다면, 그것 얼마나 멋진 일이겠는가!